M

H

fü

für alle

für

Seitenzahle

(U/A1) Koord

Zu Ihr

versehen, die nicht im Reiseatlas eingetragen sind.

Diesen Führer schrieb Siggi Weidemann. Er lebt in Amsterdam und Hamburg und arbeitet seit vielen Jahren als Auslandskorrespondent. Er ist Autor eines Kunstführers über Amsterdam und Holland und hat mehrere Marco Polo Reiseführer geschrieben.

Die Marco Polo Reihe wird herausgegeben von Ferdinand Ranft.

Die aktuellsten Insider-Tipps finden Sie im Internet unter www.marcopolo.de

MAIRS GEOGRAPHISCHER VERLAG

MARCO POLO

Für Ihre nächste Reise gibt es folgende Titel dieser Reihe:

Ägypten • Alaska • Algarve • Allgäu • Amrum/Föhr • Amsterdam • Andalusien • Antarktis • Argentinien/Buenos Aires • Athen • Australien • Azoren • Bahamas • Bali/Lombok • Baltikum • Bangkok • Barbados • Barcelona • Bayerischer Wald • Berlin • Berner Oberland • Bodensee • Bornholm • Brasilien/Rio • Bretagne • Brüssel • Budapest • Bulgarien • Burgund • Capri • Chalkidiki • Chicago und die Großen Seen • Chiemgau/Berchtesgaden • Chile • China • Costa Blanca • Costa Brava • Costa del Sol/Granada • Costa Rica • Côte d'Azur • Dalmat. Küste • Dänemark • Disneyland Paris • Dolomiten • Dominik. Republik • Dresden • Dubai/Emirate/Oman • Düsseldorf • Ecuador/Galapagos • Eifel • Elba • Elsass • Emilia-Romagna • England • Erzgebirge/Vogtland • Finnland • Flandern • Florenz • Florida • Franken • Frankfurt • Frankreich • Franz. Atlantikküste • Fuerteventura • Gardasee • Golf von Neapel • Gomera/Hierro • Gran Canaria • Griechenland • Griech. Inseln/Ägäis • Hamburg • Harz • Hawaii • Heidelberg • Holl. Küste • Hongkong • Ibiza/Formentera • Indien • Ionische Inseln • Irland • Ischia • Island • Israel • Istanbul • Istrien • Italien • Italien Nord • Italien Süd • Ital. Adria • Ital. Riviera • Jamaika • Japan • Jemen • Jerusalem • Jordanien • Kalifornien • Kanada • Kanada Ost • Kanada West • Kanalinseln • Karibik I • Karibik II • Kärnten • Kenia • Köln • Königsberg/Ostpreußen Nord • Ko Samui/Ko Phangan • Kopenhagen • Korfu • Korsika • Kos • Kreta • Kuba • Languedoc-Roussillon • Lanzarote • La Palma • Leipzig • Libanon • Lissabon • Loire-Tal • London • Los Angeles • Lüneburger Heide • Luxemburg • Madeira • Madrid • Mailand/Lombardei • Malaysia • Malediven • Mallorca • Malta • Mark Brandenburg • Marokko • Masurische Seen • Mauritius • Mecklenburger Seenplatte • Menorca • Mexiko • Mosel • Moskau • München • Namibia • Nepal • Neuseeland • New York • Niederlande • Nordseeküste: Niedersachsen mit Helgoland • Nordseeküste: Schleswig-Holstein • Normandie • Norwegen • Oberbayern • Oberital. Seen • Österreich • Ostfries. Inseln • Ostseeküste: Mecklenburg-Vorpommern • Ostseeküste: Schleswig-Holstein • Paris • Peking • Peloponnes • Peru/Bolivien • Pfalz • Philippinen • Phuket • Piemont/Turin • Plattensee • Polen • Portugal • Potsdam • Prag • Provence • Rhodos • Riesengebirge • Rocky Mountains • Rom • Rügen • Rumänien • Russland • Salzburg/Salzkammergut • Samos • San Francisco • Sardinien • Schottland • Schwarzwald • Schweden • Schweiz • Seychellen • Singapur • Sizilien • Slowakei • Spanien • Spreewald/Lausitz • Sri Lanka • St. Petersburg • Südafrika • Südamerika • Südengland • Südsee • Südtirol • Sylt • Syrien • Taiwan • Teneriffa • Tessin • Thailand • Thüringen • Tirol • Tokio • Toskana • Tschechien • Tunesien • Türkei • Türk. Mittelmeerküste • Umbrien • Ungarn • USA • USA: Neuengland • USA Ost • USA Südstaaten • USA Südwest • USA West • Usedom • Venedig • Venetien/Friaul • Venezuela • Vietnam • Wales • Washington D. C. • Weimar • Wien • Yucatan • Zürich • Zypern • Die besten Weine in Deutschland • Die tollsten Musicals in Deutschland

Die Marco Polo Redaktion freut sich, wenn Sie ihr schreiben: Marco Polo Redaktion, Mairs Geographischer Verlag, Postfach 31 51, D-73751 Ostfildern

Unsere Autoren haben nach bestem Wissen recherchiert. Trotzdem schleichen sich manchmal Fehler ein, für die der Verlag keine Haftung übernehmen kann.

Titelbild: Egmond aan Zee (HB-Verlag)
Fotos: G. Amberg (4), Amberg: Birkmann (12); HB-Verlag (6, 18, 21, 22, 38, 48, 61, 67, 76); R. E. Jung (83); U. F. Kluyver (24, 27, 31, 33, 44, 47, 51, 54, 58, 65, 69, 70, 75, 85, 89); J. Knigge (10); Mauritius: Hubatka (109), Vidler (28), Waldkirch (41); Silvestris: Stadler (14)

3., aktualisierte Auflage 2001 © Mairs Geographischer Verlag, Ostfildern
Chefredakteurin: Marion Zorn
Lektorat: Andrea Sach
Gestaltung: Thienhaus/Wippermann (Büro Hamburg)
Kartografie Reiseatlas: © Mairs Geographischer Verlag
Sprachführer: in Zusammenarbeit mit dem Ernst Klett Verlag für Wissen und Bildung GmbH, Redaktion PONS Wörterbücher

Printed in Germany
Gedruckt auf 100% chlorfrei gebleichtem Papier

INHALT

CLOSED

Entdecken Sie die Holländische Küste!

Ein vom Seewind geprägtes Land, Kultur in alten Städten, die durch Deiche gezähmte Nordsee – die 260 Kilometer lange Küste versteht ihre Besucher zu begeistern

Holland Waterland. Die Holländer, deren Erbfeind seit jeher die Nordsee, das raue Meer ist, haben stets geglaubt, die Überlebenden der Arche Noah zu sein. Gott, davon waren sie überzeugt, habe sie auserkoren, aus Wasser Land zu machen, Land, das im Schöpfungsplan nicht vorgesehen war. Und so entstanden die Konstruktionen, die diesen Plan Wirklichkeit werden ließen: die Mühlen, die das Land trocken halten, die Deiche, die das trockengelegte Land vor den Wassermassen schützen, und die Polder, in denen das Vieh grast. Der Abschlussdeich, der die stürmische Nordseebucht Zuiderzee in das Binnenmeer IJsselmeer verwandelte, war der »Schlussstein« der großen Landgewinnungsaktion, die flache Landschaft Flevoland entstand, um Menschen aus dem übervölkerten Amsterdam aufzunehmen. Und im Bereich des Rhein-Maas-Deltas wurde das größte Schutzwehr der Welt, die Deltawerke, errichtet, um das Hinterland, vor allem Rotterdam, vor den Fluten der Nordsee zu schützen.

Erst die Windmühlen ermöglichten die Landgewinnung

Rund zwei Drittel der Bewohner leben in Regionen, die unterhalb des Meeresspiegels liegen. Rund 20 000 Pumpen halten das Land trocken. In ihrer heutigen Gestalt, seit den Eindeichungen, sind die Niederlande noch keine hundert Jahre alt. Durch die Erwärmung der Erdatmosphäre wird der Meeresspiegel freilich langsam ansteigen, und es gilt als sicher, dass küstennahe Städte wie Middelburg, Haarlem oder Leiden in ferner Zukunft nicht mehr existieren werden.

Die See und der Wind bestimmen das Klima, calvinistische Sittenstrenge und Katholizismus prägen den Umgangsstil im Land von Rembrandt und Vermeer, von Käse und Tomaten, von alten Dörfern und modernen Wohnsiedlungen. Es gibt eine Vielfalt an Kulturen und Lebensanschauungen, an ethnischen Gruppen und Nationen in diesem Land, in dem Toleranz und Demokratie groß geschrieben werden.

Grote Markt in Haarlem: lebendige Atmosphäre vor der Kulisse des Rathauses

Ohne große Zurückhaltung meckert man derweil an seinen Nachbarn, Deutschland und Belgien, herum. Die aber mögen den großen Kleinstaat nebenan. Rund drei Millionen Deutsche reisen jährlich nach Holland, um hier ihren Urlaub zu verleben. Die beliebtesten Ziele sind die Nordseeküste und die Inseln. Es kommen vor allem Familien und die sportliche Jugend.

Ob es nun das sonnige Zeeland ist, Altholland mit hübschen Orten wie Edam oder Hoorn, Segeln in Friesland, Badeorte wie Cadzand, Bergen und Egmond aan Zee, Domburg, Renesse, Scheveningen, Noordwijk, Katwijk oder eine der fünf westfriesischen Inseln: Jedes Ziel hat seinen besonderen Reiz. Und ob man nun zum Sporttreiben an die Küste fährt, zum herrlichen Entspannen oder nur des Seeklimas wegen – es gibt viele Gründe, den lockenden Rufen der Möwen zu folgen.

Die See jedenfalls war es, die die Holländer bereits vor 500 Jahren rief und mit deren Hilfe sie sich ein Weltreich aufbauen konnten. Von dem Reichtum dieser vergangenen Zeiten ist noch viel bewahrt geblieben und zu sehen.

Über hundert Jahre lang beherrschte Holland die Weltmeere. Das Meer, über das der Reichtum kam, das Wasser, gegen dessen Tod bringende Fluten man sich wehren musste, der Freiheitskampf gegen Spanien und auch ihre Lust an der bildenden Kunst waren bestimmend bei der Herausbildung der nationalen Identität.

Holländer bauen keine Strandburgen, sondern ziehen sich in winzige *strandhuijses* zurück. Und nationalbewusst wie sie sind, flaggen sie gerne. Wenn sie bauen, dann richtige Dinge. Und so ist eine heftige Diskussion darüber entbrannt, ob man im Meer künstliche Inseln bauen darf. Das

Land braucht neue Wohnungen, Industrieflächen, Touristenattraktionen. Und plötzlich liegen Karten der Nordsee auf den Zeichentafeln der Projektbüros, der Finanziers und der Politiker. Die Tagträumer künstlicher Inseln hat der Ehrgeiz gepackt, denn was man in Hongkong oder Japan kann, wird man doch wohl auch hier schaffen. Hier endlich könnten die Niederländer ihrer Phantasie Gestalt geben. Ein architektonischer Kindertraum soll Wirklichkeit werden. Vom technischen und wirtschaftlichen Standpunkt aus betrachtet sind die Pläne – ein Flughafen im Wasser, eine Wohninsel und ein neuer Hafen – zu verwirklichen.

Hätten die ersten Morastbewohner auf dem Gebiet des heutigen Holland, die Bataven, die Natur so gelassen, wie sie sie antrafen, dann wäre Holland keine Nation geworden. Sie und ihre Nachkommen verwandelten Stück um Stück Sumpf in Kulturland. In der alten Seerepublik Holland hat der gottgefällige Glaube keine Berge versetzt, wohl aber mächtige Erd- und Wassermassen. Nicht Nächstenliebe oder Frömmigkeit haben zur Tugend der Toleranz geführt, sondern die pure Notwendigkeit zu überleben: Der Kampf gegen die Naturgewalten kann erfolgreich nur in Gemeinschaftsarbeit geführt werden, und so konnte man Deiche nur bauen, wenn man zusammenhielt.

In den holländischen Geschichtsbüchern kann man von mehr als 20 nationalen Überschwemmungen lesen. Da gab es beispielsweise 1421 die große St.-Elisabeth-Flut, bei der das damals schon wohlhabende Dordrecht überschwemmt und vom Festland abgeschnitten wurde; 10 000 Menschen kamen in den Fluten ums Leben. Bei der Sturmflut in Zeeland im Jahre 1953 ertranken mehr als 1800 Menschen. Und bei der Sturmflut im Januar 1995 mussten 120 000 Einwohner evakuiert werden. Der Nordsee will man aber nicht nur Land abringen, man will ihr auch Land zurückgeben. So wurden bei Schoorl in Nordholland Dünen durchstochen, damit dort, im Wechselspiel der Gezeiten, neues Leben an Land entstehen kann.

Vor dem Hintergrund, einst ein Weltreich beherrscht zu haben und heute ein Kleinstaat innerhalb der Europäischen Union zu sein, verbindet das Königreich der Niederlande Weite und Enge, Offenheit und Spießbürgerlichkeit, Strenge und Heiterkeit. Und als kleines Land betont man hier stets die Andersartigkeit im Vergleich zu den Nachbarländern. »Deutschland ist für uns die Kontrastnation für unsere eigene Identität«, so der Utrechter Professor Hans van der Dunk.

Nicht nur die Gemeinschaftsaufgaben bei der Sicherung des Landes gegen das Meer, auch die hohe Bevölkerungsdichte und der sehr hohe Lebensstandard ließen die Holländer eine Toleranz entwickeln, die schon fast als sprichwörtlich gilt. Aber auch Selbstgenügsamkeit zeichnet sie aus sowie die Fähigkeit, das Chaos des tagtäglichen Lebens bestens zu organisieren – mit Geduld.

Die Niederländer haben aber auch, obwohl sie es nicht gerne hören, chauvinistische und nationalistische Züge. *Oranjegevoel* –

und nicht nur beim Sport und in der Politik – nennt man dieses »Wir«-Gefühl. Andererseits wehren sie sich heftig dagegen, in ein Klischee gepresst zu werden. Die »Käsefrau Antje« aus der deutschen Werbung ist ihnen völlig fremd. Ebenso fremd, wie den Deutschen Königin Beatrix ist. Die wird allerdings von ihrem Volk wie keine andere Person des öffentlichen Lebens geliebt.

Beatrix verkörpert die Monarchie, und die ist wiederum eine kommunikative Erfolgsstory. Intelligenz, Prestige, sparsamer Umgang mit dem Reichtum, eine eindeutige Moral in den Reden und eine perfekt »dosierte« Öffentlichkeitsarbeit über den Kummer und die Krankheiten im Haus Oranien haben das Königshaus unantastbar gemacht.

Beatrix ist eine Frau, die in der internationalen Gemeinschaft Respekt genießt, sie ist die Autorität, die das Volk zur Ordnung ruft. So hat sie zur Versöhnung mit den Deutschen aufgerufen (schließlich war der Stammvater des Hauses Oranje Deutscher, und die letzten drei Königinnen des Landes waren entweder selbst Deutsche oder mit Deutschen verheiratet); sie prangert die Intoleranz ihrer Landsleute gegenüber Asylanten an und zog in der Knesset in Jerusalem einen dicken Schlussstrich unter den Mythos, Holländer seien während der deutschen Besatzungszeit das heldenhafte Volk gewesen, als das sie sich gerne sehen. Sie kann sich diese Worte leisten: In einem Land, das heute wegen all der Skandale und Skandälchen im öffentlichen Leben Politikern eher zynisch oder skeptisch begegnet, gilt Beatrix als ein Muster an Loyalität. Dennoch ist sie ins Gerede gekommen, nachdem liberale Politiker mit ihrer Forderung, sie dürfe sich nicht mehr so stark in die Politik einmischen und solle sich nur auf das Zeremonielle beschränken, die Monarchie wieder zur Diskussion gestellt haben.

Aber auch der Calvinismus, der mit seiner missverstandenen Prädestinationslehre (der Lehre von der Vorherbestimmung) das Klassensystem in die Gesellschaft einführte, bestimmt immer noch das soziale Leben. Nur dank Calvin war es den Niederländern möglich, in der Vergangenheit fremde Länder zu erobern, eine große Kolonialmacht zu werden, Hunderte von Völkern zu unterdrücken, Sklavenhandel zu betreiben und dadurch zu Reichtum zu gelangen. In dieser Epoche war Niederländisch Weltsprache, und das Land begeisterte Reisende aus aller Welt

Die Marco Polo Bitte

WWF

Marco Polo war der erste Weltreisende. Er reiste in friedlicher Absicht, verband Ost und West. Er wollte die Welt entdecken, fremde Kulturen kennen lernen, nicht zerstören. Könnte er heute für uns Reisende nicht Vorbild sein? Aufgeschlossen und friedlich sollte unsere Haltung auf Reisen sein. Dazu gehören auch Respekt vor Mensch und Tier und die Bewahrung der Umwelt.

wie den Deutschen George Forster, der über Den Haag 1790 berichtete, es sei »das schönste Dorf in Europa«.

Seine ganz große Zeit erlebte das Land im 17. Jh. Die Bürger des »Goldenen Zeitalters« haben den folgenden Generationen Rationalität, Toleranz, demokratische Sinnesart und Selbstbewusstsein hinterlassen. Die großartige Malerei jener Zeit – von Rembrandt bis Vermeer – war Teil der Herausbildung des nationalen Charakters der Holländer. Hansestädte wie Zwolle oder Deventer, Handelsstädte wie Middelburg oder Hoorn, vor allem aber die Sumpfblüte Amsterdam sind Zeugen jener reichen Vergangenheit.

Ein anderes Thema ist der Name des Landes zwischen Nordseeküste, Belgien und Deutschland. Heißt es nun Holland oder die Niederlande? In einem Werbefilm der Regierung heißt es »Holland«, die Touristenwerber aber sitzen vereint im »Niederländischen Büro für Tourismus«, das Land selbst aber vermarkten sie als »Holland«. Schließlich gibt es keinen niederländischen Käse, sondern holländischen. Kurz: Niederlande steht für das offizielle, Holland – die historischen zwei Küstenprovinzen Nord- und Südholland – für das populäre Bild. Die Einwohner heißen aber überall »Nederlanders«.

Urlaub an Hollands Küste – was bedeutet das eigentlich? Was das Land so einzigartig macht, sind die Kontraste. Die Weite der Küste und die feinsandigen Dünen auf der einen Seite, auf der anderen die historischen Orte wie Dordrecht, Leiden, Haarlem, Alkmaar, Gouda, bedeutende Handelsstädte im 17. Jh. Faszinierend auch der kulturelle Gegensatz zwischen dem calvinistischen Norden und dem katholischen Süden, dessen Trennlinie die *groten riviere,* die Flüsse Maas, Rhein und Lek sind. Radwege durchziehen Inseln und Dünen, und wer sein eigenes *fiets,* so heißen hier Räder, nicht mitbringen will, der kann sich in jeder Stadt, in jedem Dorf eines mieten.

Frühjahr, Herbst, der Winter oder ein verhangener Tag eignen sich am besten für einen Besuch der altholländischen Städte. Die Saison für den Wassertourismus (IJsselmeer, Zeeland, Friesland) beginnt Himmelfahrt und endet erst im Herbst, der übrigens auch die beste Zeit für Radfahrer ist. Immer mehr Gäste folgen dem Trend zum Aktivurlaub. Radeln, Wandern, Bootstouren, auch Segeln und Tauchen sowie das Landesinnere mit all den historischen Städten stehen bei Touristen hoch im Kurs. Die Kombination von Strand- und Kulturlaub macht den besonderen Reiz aus, Ferien hier zu verleben. Und wenn man genug gesehen hat, legt man sich ins Gras und schaut den weißen Wolken nach.

Es herrscht gemäßigtes Seeklima: Das bedeutet angenehme Sommer und ausgeglichene Winter. Zeeland ist die sonnigste Küstenregion. An der Küste weht ständig ein frischer Wind. Die Wassertemperaturen bewegen sich im August um 18 Grad. Immer mehr Besucher entdecken inzwischen die Küste auch außerhalb der Sommersaison. Ein besonderes Ereignis ist es auch, wenn die Grachten und Kanäle zufrieren und Holland im Eisfieber ist. Sportfreudig zeigen sich dann die Schlittschuhfahrer bei der Elfstädtetour über die vereisten Grachten in Friesland.

Spaziergänge am Meer, wenn sich die Eisschollen nach einer Kälteperiode aufeinander türmen, gehören ebenfalls zu den unvergesslichen Erlebnissen an der Nordsee. Der Trend, den Urlaub an der Nordsee zu verbringen, birgt aber auch Probleme. Die Medien werden nicht müde, auf die Gefahren von zu viel Tourismus hinzuweisen: Verkehrsämter und Polizei sind während der Sommerferien überfordert; zu viel Alkoholgenuss und die Überfüllung der Strände lassen Aggressionen frei werden. In Friesland beklagte sich der Umweltschutzrat zu Recht, der Tourist zerstöre das, was er suche: Natur und Ruhe; die Segelreviere verwandelten sich in Kloaken, und an den Ufern türme sich der Abfall von verantwortungslosen Urlaubern.

Seebäderatmosphäre oder gar mondäne Badekultur sucht man vergeblich in Holland. Wohl gibt es hier und da Feinschmeckerrestaurants, deren Küche auch verwöhnte Gaumen zu überraschen vermag. Aber sonst ist die Küste geprägt von der Stille, dem Wind, dem Himmel und dem Meer. Und natürlich gibt es auch das Holland, das in den bunten Prospekten des Fremdenverkehrs angepriesen wird – auf alle Fälle ein Land, das in keine Schablone passt. Viel Interessantes gibt es allemal zu entdecken.

Hat man Holland, seine Geschichte, seine Tradition, seine Malerei und Architektur und seine landschaftliche Vielseitigkeit erst einmal kennen gelernt, kommt man immer gerne wieder. Doch demjenigen, der glaubt, nun kenne er die Niederlande, dem enthüllt sich das Land plötzlich wieder ganz anders. Seinem Geheimnis kommt man vielleicht mit dem vorliegenden Reiseführer etwas mehr auf die Spur.

Traumhäuschen für ein paar Wochen: Feriendomizil auf der Insel Ameland

Geschichtstabelle

Vorgeschichte
Keltische Belgen und Bataver besiedeln das Gebiet

ca. 50 v. Chr.
Römer erobern die Gebiete

400
Ende der römischen Herrschaft

10.–14. Jh.
Die Niederlande fallen erst dem karolingischen, dann dem Deutschen Reich zu, später dann Burgund und Habsburg

ca. 1520
Kaiser Karl V. wird Herrscher über die Niederlande

1568–1648
80-jähriger Freiheitskampf gegen Spanien. Anführer des Aufstandes ist Wilhelm I. von Nassau (Willem van Oranje)

1570
Allerheiligenflut. Viele Tote in Friesland und Scheveningen

1579
Gründung der Utrechter Union, Trennung der nördlichen und der südlichen Niederlande mit anschließender Unabhängigkeitserklärung der nördlichen Provinzen (1581); Beginn des holländischen »Goldenen Zeitalters« (bis ca. 1670)

1584
Ermordung Willems van Oranje

1602
Gründung der »Verenigde Oost-Indische Compagnie« (VOC), Beginn des Welthandels

Seit 1814
Königreich der Niederlande. 1830 Aufstand und Abfall Belgiens

1848–52
Holland wird konstitutionelle Monarchie. Trockenlegung des Haarlemer Meeres, bis dahin größte Landgewinnung der Welt

1862
Gesetz zur Aufhebung der Sklaverei in Westindien

1940–45
Zweiter Weltkrieg. Das Land wird von Deutschland besetzt

1946
Inthronisierung von Königin Juliana. Krieg in der Kolonie Niederländisch-Indien, dem heutigen Indonesien

1953
Der »Deltaplan« zur Absicherung der Küste wird beschlossen

1995
Hochwasser bedroht im Januar die Mitte Hollands. 120 000 Menschen werden evakuiert

1997
Ein 300 m langes Sturmflutwehr wird bei Rotterdam eingeweiht

1998/99
Mehrjahresplan zum Erhalt der Strände. Sandaufspülungen an vielen Küstenorten

2000
20-jähriges Thronjubiläum von Königin Beatrix

Von Architektur bis Windmühlen

Deiche und Dünen, Käse und Königshaus: Leitfaden durch ein eigenwilliges Land

Architektur
Historische küstennahe Städte wie Haarlem, Hoorn, Harlingen, Enkhuizen, Middelburg oder Zierikzee werden bis heute durch ihre geschlossenen altholländischen Zentren geprägt, in denen die Gebäude mit ihren Giebeln (Treppen-, Hals-, Schnabel- oder Leistengiebel) herausragende Schmuckelemente sind. Die bekanntesten Bauwerke der Brabanter Gotik, deren Hauptmerkmal die unvergleichlich üppige Ornamentik ist, sind St. Jans in 's-Hertogenbosch, die Grote Kerk in Breda und Onze Lieve Vrouwekerk in Dordrecht sowie St. Bavo in Haarlem. Gotische Rathäuser mit reich verzierten Giebeln gibt es beispielsweise in Middelburg, Delft und Gouda. Rund 44 000 Objekte im ganzen Land stehen unter Denkmalschutz.

Clingendael
Noch immer bestehen Vorbehalte gegenüber Deutschen und Deutschland, die durch verschiedene Untersuchungen und Studien des Instituts für Internationale Beziehungen Clingendael einer breiten Öffentlichkeit bewusst gemacht wurden. Clingendael steht für eine Wende in den Beziehungen. Dank der Bemühungen des Deutschland-Institutes in Amsterdam, der Goethe-Institute, der differenzierteren Berichterstattung in den Medien und der Korrekturen in den Schulbüchern am negativen Deutschlandbild bessert sich das Verhältnis allmählich.

Die Gezeiten bestimmen das Leben auf den Inseln: Wattwanderung

Coffeeshops
Holland ist das einzige Land Europas, in dem es so genannte Coffeeshops gibt, in denen offen mit weichen Drogen gehandelt werden darf. Das Außenministerium definiert diese Institutionen als »Gaststättenbetrieb, in dem unter bestimmten Voraussetzungen weiche Drogen (Haschisch und Marihuana) verkauft werden. Obwohl der Verkauf weicher Drogen strafbar ist, erhält die Verfolgung dieses Delikts niedrige Priorität.« Im Jahr 2000 gab es noch 840 legale Coffeeshops.

Deiche

Römer waren es, die die ersten Deiche entlang der Flüsse anlegten. Erst um das Jahr 1000 begannen die Holländer mit dem Bau von Deichen an der Küste und machten damit eine dauerhafte Besiedlung des Landes möglich. Auf so genannten Warften, aufgeschütteten Hügeln, wurden Bauernhöfe und Kirchen errichtet. Die Sorge für den Unterhalt der Deiche lag beim Deichgrafen. Um Inseln und Strände, etwa bei Scheveningen, auf Texel oder in Nordholland, vor einer Abtragung durch Fluten zu bewahren, werden Sandaufspülungen vorgenommen. Auch die Flüsse sind mit Deichen versehen. 1995 mussten wegen Überflutung von Maas und Rhein 250 000 Menschen evakuiert werden.

Dünen

Dünen prägen das Gesicht aller holländischen Inseln und der Küste von Den Helder bis nach Belgien. Das Dünensystem entstand etwa im 12. Jh. Bis heute ist nicht sicher, was den plötzlichen Sandzuwachs verursachte. Man vermutet, dass es mit dem Abschlagen der Wälder im Innenland zu tun hatte, bei dem eine Menge Sand freigesetzt wurde, der sich mit den Ablagerungen, die die Flüsse Rhein und Maas seit Jahrhunderten an die Küste getragen hatten, vermischte. Dünen werden im Laufe der Zeit von Gräsern überwuchert. Wird die Pflanzendecke zerstört, trägt der Wind sie ab, und das Wasser hat freien Zulauf. Der Schutz der Dünen gehört daher zu den vordringlichen Aufgaben der niederländischen Behörden.

Ebbe und Flut

Die Gezeiten, Tiden genannt, bestimmen den Lebensrhythmus an der Küste. Die Anziehungskraft des Mondes und die Fliehkraft der Erde sind die Ursache für die Gezeiten. An der holländischen Küste ist der Unterschied zwischen Ebbe und Flut nicht sehr groß, da die Nordsee wegen ihrer relativen Tiefe, aber geringen Ausdehnung nicht so stark vom Mond beeinflusst wird. Zweimal pro Tag läuft das Wasser ab (Ebbe) und wieder auf (Flut). Die Tiden verlaufen parallel zum Mondaufgang, die Dauer einer Tide *(getij)* beträgt sechs Stunden und 13 Minuten. Einige Tage

Überall an der Küste werden die Dünen mit Gräsern befestigt

nach Voll- und Neumond ist die Flut am höchsten. Während so genannter *Springtijden,* wenn die Anziehungskraft der Sonne die des Mondes verstärkt, kann es zu einer Springflut kommen.

Grachten
Weltberühmt ist der Grachtengürtel von Amsterdam mit seinem Geflecht von Kanälen. Auch andere Orte haben ihre Grachten, nicht so imposant, dafür oft idyllischer. Anfangs dienten die Grachten als Verteidigungsgräben, später wurden die bis zu zwei Meter tiefen Stadtkanäle als Verkehrswege und Kanalisationssystem benutzt. Der Begriff »Grachten« leitet sich übrigens von dem Verb »graben« ab.

Königshaus Oranien-Nassau
Stammvater des Königshauses Oranien-Nassau ist Wilhelm I. von Nassau, der 1533 im hessischen Dillenburg geboren wurde. Er war unter Karl V. (König von Spanien und Kaiser des Heiligen Römischen Reiches Deutscher Nation) Statthalter von Holland, Zeeland und Utrecht. Im Zuge der Auflehnung des Adels gegen die radikale katholische Machtpolitik Philipps II. von Spanien (Sohn Karls V.) setzte sich Wilhelm von Oranien an die Spitze der Aufständischen. Er wurde 1584 ermordet. Der Freiheitskampf gegen Spanien endete erst mit dem Westfälischen Frieden von 1648. Die Oranier blieben weiterhin Statthalter des Landes, dessen Grenzen sich über die nächsten 150 Jahre immer wieder verschoben. Erster König der Vereinigten Niederlande wurde schließlich König Willem I. (regierte 1813–1840), nach ihm sein Sohn, Willem II. (bis 1849), danach Willem III. (bis 1890). Ihm folgte seine Tochter Wilhelmina als Königin auf den Thron (bis 1948). Danach wurde Juliana, die heutige Königinmutter, Staatsoberhaupt. Sie regierte bis 1980. Seitdem ist Beatrix (geboren 1938) Königin der Niederlande. 1966 heiratete sie den deutschen Diplomaten Claus von Amsberg. Das Ehepaar hat drei Söhne, deren ältester, Prinz Willem-Alexander, Thronfolger ist.

Kolonialmacht
Es ist kein Geheimnis, dass Holland durch seine Kolonien und die damit einhergehende Ausbeutung und Sklaverei zu Reichtum kam – ebenso wie andere Kolonialmächte. Um die zerrütteten Staatsfinanzen im 19. Jh. zu sanieren, führte man für die Kolonie Niederländisch-Indië (heutiges Indonesien) das so genannte *cultuur stelsel* ein, ein Zwangsanbausystem für Kaffee, Tee, Tabak, Zimt und Indigo, dessen Ertrag zwischen 1830 und 1870 ca. 823 Mio. Gulden betrug. Mit diesem »Blutgeld« bauten die Holländer Deiche, Schulen, senkten Steuern und begannen mit dem zügigen Ausbau der Infrastruktur – Straßen und Eisenbahnlinien – ihres Landes. Als Folge von Armut und Hungerkatastrophen starben allein in Zentraljava in den Jahren 1849/1850 rund 250 000 Menschen. Erst 1862, 30 Jahre nachdem England die Sklaverei abgeschafft hatte, entschloss sich auch Holland zu diesem Schritt. Nach dem Zweiten Weltkrieg führten die Holländer noch zwei Kriege in Indonesien, um die Unabhängigkeit des Landes zu verhindern.

Der Freiheitskampf gegen Holland (1945–1949) kostete rund 200 000 Indonesiern das Leben.

Literatur

Harry Mulisch, Adriaan van Dis, Magriet de Moor, Cees Nooteboom, Adri van der Heijden oder der Krimiautor Jan Willem van de Wetering sind die wohl bekanntesten Vertreter der niederländischen Gegenwartsliteratur. Mulischs Bücher über Krieg und Besatzung (etwa »Das Attentat«, 1982) gehören im niederländischen Sprachraum längst zu den Klassikern. Sein Roman »Die Entdeckung des Himmels« (1992) wurde auch in Deutschland ein Erfolg. An literarischer Vitalität übertrifft der wohl bedeutendste Schriftsteller, Hugo Claus aus Gent, seine nordholländischen Kollegen; auch er hat in seinem Roman »Der Kummer von Flandern« die Hand auf Wunden gelegt, die der aufgezwungene Krieg geschlagen hat.

Malerei

Der Höhepunkt der niederländischen Malerei liegt im 17. Jh. Die führenden Vertreter der niederländischen Malerei waren im katholischen Süden Peter Paul Rubens (1577–1640) und im Norden Rembrandt (1609–1669). Weitere berühmte Meistermaler waren Jacob von Ruisdael (1628–1682), Frans Hals (1580–1666), Jan Vermeer van Delft (1632–1675), Jan Steen (1629–1679) und der Marinemaler Van der Velde. Im 19. Jh. machten G. H. Breitner (1857 bis 1923), Jozef Israëls (1824–1911) und Johan B. Jongkind (1819 bis 1891) von sich reden. Vincent van Gogh (1853–1890) wurde erst nach seinem Tod berühmt. Zu den Malern der Moderne gehört Piet Mondrian (1872–1944), der Mitbegründer der *De Stijl*-Gruppe ist, die die Architektur und das Design beeinflusst hat.

Nationalparks

Zahlreiche Dünengebiete entlang der Küste sind oft abgezäunte Naturschutzgebiete und können nur mit einer Eintrittskarte betreten oder mit dem Rad befahren werden. Bei den Nationalparks handelt es sich um große, zusammenhängende Flächen von mindestens 1000 ha. Zu den sechs Nationalparks gehören unter anderen Schiermonnikoog, die Kennemer Duinen (zwischen Bloemendaal und Küste) und Biesbosch bei Dordrecht. Auf allen Inseln befinden sich ebenfalls größere Naturschutzgebiete, etwa Het Oerd auf Ameland, Vliehors auf Vlieland oder De Muy auf Texel. Das holländische Wattenmeer bildet seit 1986 gemeinsam mit dem deutschen und dänischen Wattenmeer den Nationalpark Wattenmeer.

Polder

Polder, eingedeichtes Grünland, gibt's auf allen Inseln und hinter der Küste. Polderwiesen gelten als gute Viehweiden. Es waren Zisterziensermönche, die im 13. Jh. mit der Einpolderung von Land in Friesland und Zeeland begannen. Erst mit dem Einsatz von Windmühlen im 15. Jh., die das tief liegende Land leer pumpen konnten, wurde das Einpoldern effektiv.

Sprache

Amts- und Umgangssprache ist Niederländisch. In Europa wird es von 21 Mio. Menschen gesprochen, von den Niederländern und den sechs Millionen Flamen in Belgien (Flämisch). An rund 250 Universitäten und Instituten kann Niederländisch studiert werden. Friesisch ist in Fryslan (Friesland) als Minderheitensprache anerkannt und wird an den dortigen Schulen gelehrt.

VOC und WIC

In Middelburg oder Hoorn, in Delft oder Haarlem – überall im Lande wird man auf Bauwerke und Spuren der Vereinigten Ostindischen Kompanie treffen. Am 20. März 1602 wurde die »Verenigde Oostindische Compagnie« (VOC) in Amsterdam gegründet. Die VOC erhielt von den *Staten generaal* die alleinige Erlaubnis, in der östlichen Hemisphäre vom Kap der Guten Hoffnung aus einen Wirtschaftskrieg gegen Portugal und Spanien zu führen. Sie war an den asiatischen und afrikanischen Küsten und Inseln tätig. Außerdem erhielt die VOC das Recht, eine Kriegsflotte und ein Heer zu unterhalten, sie durfte eigene Münzen prägen und Verträge abschließen. Die VOC wurde von den »Heeren XVII«, dem Direktorium, streng geführt. Als die VOC am 31. Dezember 1799 formell aufgelöst wurde, stand ihr Name für »Vergaan Onder Corruptie«, also »untergegangen an Korruption«. Zwischen 1602 und 1795 fuhren insgesamt 622 000 Personen auf 4510 VOC-Schiffen nach Asien. Die Schwestergesellschaft, die »Westindische Compagnie« (WIC), trieb Handel mit Afrika und Amerika, war führend im Sklavenhandel und gründete Neu-Amsterdam, das heutige New York.

Wattenmeer

Das Wattenmeer liegt zwischen dem Festland und den vorgelagerten Inseln. Das Gebiet ist zwischen sieben und 20 km breit und 450 km lang. Es erstreckt sich von der niederländischen Insel Texel bis zur dänischen Nordseestadt Esbjerg. Das Wattenmeer ist Tummelplatz für Mikroorganismen, Wasser- und Zugvögel, Seehunde und Fische. Zweimal täglich wird das Gebiet überflutet, und mit dem Nordseewasser werden große Mengen winziger Lebewesen aufgespült. Weite Teile dieses Ökosystems stehen unter Naturschutz. Im holländischen Wattenmeer leben ständig mehr als 500 000 Vögel, im Herbst sollen es bis zu vier Millionen sein, die auf ihrem Flug nach Afrika hier eine Ruhe- und Fütterungspause einlegen. Die Sandbänke sind die Kinderstube junger Seehunde. Vielleicht nicht mehr lange: Da unter dem Wattenmeer Erdgas vermutet wird, sind Bohrungen geplant.

Windmühlen

Zu den Symbolen Hollands zählen Holzschuhe, Tulpen und Windmühlen. Letztere wurden mit der Einpolderung von Land seit dem 15. Jh. wirtschaftlich eingesetzt. Von den ausgeklügelten Windmaschinen existieren noch etwa 980. Sie sind denkmalgeschützt. Die schönsten Ansammlungen sieht man in Kinderdijk, in Zaandam und in Schermer bei Alkmaar. Mit einer Flügelspannweite von 28 m treiben Windmühlen eine Schraubwinde an, die das Wasser aus Gräben in höher gelegene Kanäle hebt. Außer Poldermühlen gab es Getreide-, Öl- und Tabakmühlen.

ANNO 1854
HOTEL
Restaurant
SPAANDER
Best Western
WORLDWIDE HOTELS
HOTEL
Laurent Perrier

Land der Sauce hollandaise

Zu den bekanntesten Produkten gehören Käse, Tomaten, Aal, Lammfleisch, Muscheln und natürlich der Hering

Holländischer *nieuwe maatjes,* junger Matjes, und die indonesische *rijstafel,* ein mehrgängiges Reisgericht, sind für Besucher die Eckpfeiler der holländischen Küche. Eine merkwürdige Kombination, mag mancher denken, doch für die Nation der Seefahrer und Kaufleute ist sie typisch.

Der junge Matjes, ein noch nicht geschlechtsreifer Hering, muss silbern glänzen und »seejung« duften, darf am Grat nicht dunkelrot angelaufen sein. Der *nieuwe maatjes* muss fett und *lekker mals* (saftig) sein. Er wird nach dem Fang an Bord gekehlt (geköpft), so wie es sich seit dem 14. Jh. in Holland gehört, und roh verspeist. Jungen Hering gibt es nur in den Monaten Mai und Juni. Was in der übrigen Zeit als junger Hering verkauft wird, kommt meist aus der Tiefkühltruhe.

An der Küste stehen natürlich Fisch, Krabben, Muscheln und Austern auf vielen Speisekarten. Zwischen »exzentrisch«, »einfach«, »köstlich« und »viel zu fett« schwankt das Urteil über die holländische Küche. Aber in einem sind sich alle Besucher einig: Wer an Hollands Küste oder auf die Inseln fährt, verlangt nach frischem Fisch. Wer allerdings Appetit auf eine Fischdelikatesse wie Seezunge oder Butt hat, kommt freilich nicht gerade preisgünstig weg. Fischkutter, die Fisch anlanden, gibt es nur noch wenige, etwa auf Texel, in Scheveningen oder Zeeland. Als Alternative bieten sich Fischbuden an, die eine Auswahl an Meerestieren bereithalten. Und weil Essen in den Restaurants nicht gerade preiswert ist, ziehen es immer mehr Urlauber vor, selbst zu kochen. Ein absoluter Renner ist Lammfleisch; auch davon sollte man probieren.

An den Stränden, an denen Urlauber ihre Sonnenschirme und Windschutzmuscheln aufgebaut haben, findet man oft vom Trecker gezogene Fischläden. Hier bekommt man Fritiertes: Fischstäbchen, Muscheln, *lekkerbek* mit viel bunten Soßen. Geht man auf das Angebot der cleveren Fischverkäufer ein, einige Salatblätter zu akzeptieren, verdoppelt sich der Preis allerdings beinahe.

Altholländische Atmosphäre: Hotelrestaurant Spaander in Volendam

In den Strandpavillons gibt es Tellergerichte, die in erster Linie sättigend sind. Bekannt ist das *duitse biefstuk,* eine Frikadelle. Oft werden auch Eintöpfe angeboten, etwa *hutspot* (Möhren, Zwiebeln, Rindfleisch) und Erbsensuppe. Eine Besonderheit sind die *borrel happjes,* Happen, die man zwischendurch isst: die fritierten *bitterballen* und *bamiballen* (mit Senf), *poffertjes* (in Fett gebackene Pfannküchlein), Frikadellen, belegte Brötchen und Pommes frites. Spitzenreiter sind warme Kroketten, die man an den Imbissstuben aus Automaten an der Wand zieht. »Essen aus der Mauer« nennt man das hier. Holländer sind nicht unbedingt Gourmets. Die traditionellen *broodjeswinkel,* jene Snackbars, in denen Brötchen belegt werden, verlieren ihre Kunden immer mehr an die Fastfoodfilialen der Pizzahäuser und Hamburger-Schnellrestaurants, die es in allen Badeorten gibt.

Besondere Wertschätzung erfahren die exotischen Restaurants: An der Spitze steht Chinesisch-Indonesisch, auch *Indië* genannt. Dabei handelt es sich nicht um indische, sondern um asiatische Küche, und der Name leitet sich von der früheren holländischen Kolonie »Indië«, dem heutigen Indonesien, ab. Beliebt sind außerdem die oft preiswerten chinesischen Restaurants. Die besten sind im Club »Fine Eastern Restaurants« zusammengeschlossen.

Kulinarisch gesehen hat sich Holland in den letzten Jahren von der Wüste zur Steppe entwickelt, es grünt hier und da, und an manchen Stellen blüht es sogar. Die traditionelle holländische Kost ist sehr nahrhaft: Kartoffeln, Fleisch oder Fisch und Gemüse bilden noch stets die Grundlage fast jeder Mahlzeit. In den besseren Restaurants werden diese Zutaten mit den Eigenheiten der flämischen oder französischen Küche variiert. Auch die Stärke der regionalen Küche wird neuerdings entdeckt: etwa in Zeeland eine Küche ähnlich der bre-

Käse aus Holland

Als Besucher kann man nur darüber staunen, wie hauchdünn der Käse im Käseland geschnitten wird. Mit dem in Holland handelsüblichen Zilmetta-Hobel erlangt er eine köstliche Transparenz: Mit ihrem wohl bekanntesten Nationalprodukt gehen Niederländer eben sparsam um. Seit dem 17. Jahrhundert genießt das Land Ansehen als Käsenation. Dennoch mögen es die Holländer nicht, wenn man ihr Land vor allem mit Käse in Verbindung bringt. Das Käsemädchen Frau Antje, mit dem so erfolgreich für holländischen Käse im Ausland geworben wird – in Deutschland trat sie erstmals 1960 im deutschen Fernsehen in Erscheinung –, ist vielen ein stetes Ärgernis. 42 Käsefabriken gibt es in Holland, die Gouda, Leerdamer und Edamer am Fließband herstellen. Aber die Zahl der Milchbauern, die auf ökologische Weise Käse produzieren, steigt. Der Milchkuh »Usmem«, Lieferantin für das Grundprodukt, hat man in Leeuwarden gar ein Denkmal gesetzt. So wichtig nimmt man das Geschäft mit dem Käse.

Köstlicher Imbiss: nieuwe maatjes frisch von der Fischbude

tonischen Küche, da sie auf eine Kombination der Produkte vom Land und aus dem Wasser zurückgreift. Basis der zeeländischen regionalen Küche sind Fisch, Garnelen, Muscheln, Algen, Austern, Geflügel, Lamm und Rindfleisch (die Schafe und Rinder fressen salzhaltiges Gras, ihr Fleisch ist daher von Natur aus etwas salzig). Aus schwarzen Johannisbeeren werden Fruchtwein, Marmelade und *crème de cassis de Zélande* gewonnen, aus biologischem Mehl das schmackhafte *vlegelbrot*. Eine Besonderheit sind die köstlichen Grünpflanzen aus dem Wasser: *zeesla, zeewier, zeeaster, lamsoren*.

Typisch sind die *eetcafés*, hier kann in entspannter Atmosphäre getrunken und gegessen werden. Es gibt mittlerweile mehr als 2000 *eetcafés* im Lande, und ihre Zahl steigt. Im Trend sind die so genannten Themarestaurants, die ganz spezielle Gaumenfreuden bieten. Gerichte aus verschiedenen Erdteilen werden miteinander kombiniert: osteuropäische mit amerikanischer, karibische mit südamerikanischer Küche. Niederländer wissen diese Vielfalt zu schätzen: Für 46 Prozent von ihnen zählt der Restaurantbesuch zu den beliebtesten Freizeitbeschäftigungen.

Die Trinksitten haben sich gewandelt: Es wird immer weniger Heineken getrunken. Auch des Genevers große Zeit ist vorbei. Bevorzugt werden limburgische, belgische und deutsche Biere. Der Weinkonsum hat sich in den Niederlanden in den vergangenen Jahren verzehnfacht, dafür sinkt der Milchkonsum jährlich um einen halben Liter.

plantaardig geverfde
Texelse Wol
per streng
± 200 gram : 17,50
7.50 per 100 gram
60.- per 1000 gram

Von Kitsch bis Kunst

Man findet Nützliches wie Blumenzwiebeln, Süßes wie Drops und Schönes wie altes Silber, Wolle und Kacheln

Die Zahl der Läden, die Ausgefallenes und Besonderes verkaufen, ist relativ bescheiden, aber der Urlauber, der sucht, findet alles, was er als Souvenirs für die Daheimgebliebenen braucht. Außer Decken und Pullovern aus Texeler Lammwolle, wegen ihres hohen Fettgehalts besonders warm und daher empfehlenswert für Rheumatiker, sind kulinarische Souvenirs beliebt. Phantasievoll sind da die Namen und Begriffe für die zahllosen friesischen Schnäpse und Inselliköre. Das Angebot reicht vom *Beerenburger* (ein Kräuterbitter aus Friesland) bis hin zu *Kees Boontje* (Schnaps von der Insel Texel).

Als Mitbringsel eignet sich auch ein Glas köstlicher Marmelade oder eine Flasche Wein aus den Moosbeeren *(cranberry)*, die ursprünglich aus Amerika kommen und inzwischen auf Terschelling und Vlieland wachsen. Hervorragende Pralinen aus feiner Schokolade und ein tiefroter Dessertwein aus schwarzen Johannisbeeren, die in Zeeland auf Plantagen heranreifen, echter, mit der Hand geformter Schyler Käse von Terschelling – das sind Souvenirs, die auch Freunden zu Hause gefallen. Wer Süßes mag, kann Zuckerbrot, Drops oder Spekulatius, Möweneier oder Muscheln aus Schokolade erwerben. In jedem Ort gibt es mindestens einen Bäcker, der süße Spezialitäten der Region verkauft.

Natürlich findet man in den Urlaubsorten auch Kunsthandwerker, die Getöpfertes, Schmuck, Aquarelle und Ölgemälde mit Insel-, Nordsee- oder Küstenmotiven verkaufen. Kein Mangel herrscht an Antiquitäten- oder auch Trödelhändlern, die alte Kacheln, Weinflaschen (teilweise aus illegalen Tauchexkursionen nach historischen Schiffswracks, die vor der Küste auf dem Meeresgrund liegen), Möbel, Schiffskarten oder Schiffsuhren, Muscheln vom Nordseestrand oder aus der Südsee anbieten. »Delfter Keramik«, die allerdings in Asien hergestellt wird, aber auch interessante Bildbände zum Thema Nordsee und Inselwelt runden das Angebot ab.

Beliebtes Mitbringsel: die dicke, wegen ihres hohen Fettgehalts besonders wärmende Wolle von Texeler Schafen

Tag der Königin und Sinterklaas

Folklore, Paraden, Strandfeste sowie Wettkämpfe bestimmen den Festkalender – und die Besucher feiern mit

Die Küsten- und Inselorte bieten ihren Gästen ein vielfältiges Unterhaltungsprogramm während der Sommersaison an. Jahrmärkte, Dorffeste, Tanzabende, Konzerte: Alle Veranstaltungen werden von den Verkehrsämtern bekannt gegeben. Auch für die Unterhaltung der Kinder ist überall gesorgt. Großer Beliebtheit erfreuen sich die Segelregatten in Friesland sowie das Festival von Zeeland. Auch das Oerol-Festival wird seit Jahren auf Terschelling mit großer Begeisterung gefeiert.

Ein Höhepunkt des Festjahres ist der 30. April: der *Koninginnendag,* an dem der Geburtstag der Königin im ganzen Land mit vielen Märkten gefeiert wird. Tatsächlich ist dies aber der Geburtstag von Königinmutter Juliana (Königin Beatrix der Niederlande hat am 31. Januar Geburtstag).

Mit der Ankunft von *Sinterklaas,* dem Nikolaus, endet das Festjahr. Am 5. Dezember ist *Pakjesabend,* Geschenktag, vergleichbar mit dem Heiligen Abend. Es werden Überraschungsgeschenke, *surprise,* verteilt, und man bereitet ein Festessen zu.

Vergängliche Kunst auf dem Sandskulpturen-Festival in Scheveningen

OFFIZIELLE FEIERTAGE

1. Januar *Neujahrstag*
März/April *Ostermontag*
30. April *Koninginnendag*
4. Mai *Nationaler Gedenktag für die Opfer des Zweiten Weltkrieges*
5. Mai *Nationaler Gedenktag zur Befreiung von der deutschen Besatzung (kein freier Tag)*
Mai *Christi Himmelfahrt*
Mai/Juni *Pfingstmontag*
25./26. Dezember *Weihnachten*

FESTE/LOKALE VERANSTALTUNGEN

Ende März bis Mitte Mai
Blumenshow im Keukenhof: eine bunte Vielfalt an Sommerblumen bei Lisse

April
Käsemarkt in Alkmaar: Von Mitte April bis Anfang September ist der traditionelle Markt Touristenattraktion Nummer eins in der Region *(Fr 10–12.30 Uhr).*

★ *Nationalfeiertag Koninginnendag:* Fest zum Geburtstag der Königin am 30. April

Mai

Bevrijdingsfestivals: Straßenfeste, Musik und kulturelle Veranstaltungen – es wird der Befreiung von der deutschen Besatzung während des Zweiten Weltkrieges gedacht. 5. Mai

Nationaler Mühlentag: Tag der offenen Mühlen am zweiten Sa

★ *Sandskulpturen-Festival:* in Scheveningen entstehen meterhohe Phantasien aus Sand.

Juni

Vlaggetjesdag: traditionelles Fischerfest, Folkloreveranstaltungen und Fischessen im Hafen von Scheveningen. Anfang Juni

★ 🯅 *Oerol-Festival:* Auf Terschelling finden Konzerte, Theateraufführungen und Zirkusvorstellungen statt. Mitte Juni *(Tel. 0562/ 44 30 00).*

Pasar Malam Basar: sehr beliebter indonesischer Jahrmarkt in Den Haag mit indonesischen Spezialitäten, Musik, Folklore und Theatervorstellungen (Mitte bis Ende Juni tgl. 12–23 Uhr)

Parkpop: größtes Popfestival des Landes mit Musikgruppen aus dem In- und Ausland (kostenlos). Den Haag, Zuiderpark, am letzten So im Juni *(Tel. 06/ 34 03 50 51)*

Juli

Käsemarkt in Edam: jeden Mi 9–12.30 Uhr, Anfang Juli bis Mitte Aug.

Westfriesischer Markt: bekannter folkloristischer Markt im althölländischen Ort Schagen. Jeden Do im Juli

Lakenfeste: Sommerfestival in der Universitätsstadt Leiden, sonntäglicher Tuchmarkt, Kirmes mit Musik und Theater (Mitte Juli)

Käsemarkt in Gouda: Jeden Do 9–12 Uhr, Anfang Juli bis Ende Aug.

★ *Skûtsjesilen:* Wettstreit zwischen friesischen Plattboden-

MARCO POLO TIPPS FÜR FESTE

1 Skûtsjesilen
Regatta mit historischen Schiffen in Friesland
(Seite 26)

2 Oerol-Festival
Kulturfest auf Terschelling für die Jugend und die Junggebliebenen
(Seite 26)

3 Sandskulpturen-Festival
Sandkünstler modellieren riesige Skulpturen aus Sand in Scheveningen
(Seite 26 und 48)

4 Nationalfeiertag Koninginnendag
Holland feiert den Geburtstag seiner Königin mit Straßenfesten und Musikveranstaltungen im ganzen Land
(Seite 26)

5 Kulturherbst Zeeland
Kirchen, Rathäuser und Herrenhäuser bilden die stilvolle Kulisse für Musik und Theater
(Seite 27 und 63)

Traditioneller Schmuck wird auch heute noch gern getragen

schiffen. An zehn Orten in Friesland werden elf Rennen veranstaltet *(Sintrale Kommisje Skûtsjesilen, Tel. 0514/59 66 70).*

North Sea Festival: bedeutendes europäisches Jazzfestival in Den Haag. Anfang Juli *(Tel. 015/ 214 89 00)*

Mühlentage: Die Mühlen von Kinderdijk sind jeden Sa in Betrieb. Juli–Ende Aug.

August

Gondelfest: In dem von Wasserstraßen und Seen umgebenen Touristenort Giethoorn finden traditionelle Gondeltouren statt. Gärten und Brücken sind erleuchtet. Letzter Sa im Aug.

Sneekweek: Segelfest in Sneek in der ersten Augustwoche *(Tel. 0515/41 40 96)*

Muscheltag in Yerseke: Muschelessen und Fischerfest

September

Welthafentag: In Rotterdam, dem größten Hafen Europas, wird ausgiebig gefeiert (erstes Wochenende).

Open Museumsdag: Tag der offenen Museen (2. Sa).

★ *Kulturherbst Zeeland:* 125 Aufführungen in historischen Gebäuden *(Tel. 0118/68 82 22).*

Prinsjesdag: ein großer Tag für monarchietreue Holländer. Den Haag entfaltet seine ganze Pracht, wenn Königin Beatrix mit ihrer Familie in einer goldenen Kutsche vom Palast zum Binnenhof fährt, um die Thronrede zu verlesen. 3. Di im Sept.

Zaanländer Mühlentag: Tag der offenen Tür bei den Windmühlen in Zaandam. Die Mühlen sind in Betrieb, und die Müller machen auf Wunsch Führungen. Letzter Sa im Sept.

Dezember

Plein de Noel: Weihnachtsmarkt in Den Haag. Ab Mitte Dezember

Sinterklaas (Nikolaus); an diesem Tag sind viele Museen geschlossen. 5. Dez.

Zu Besuch im Land der Meistermaler

Polder, Strände und gemütliche Städte: Die Halbinsel Holland lädt ein zu einer Entdeckungsreise

Die Landschaft der Halbinsel Holland, wie sich diese Region seit 2000 nennt, ist weit, der Himmel scheint so hoch zu sein wie kaum irgendwo sonst. Der Wind bläst kräftig, kräuselt das Wasser, zerzaust die Bäume und trägt Gerüche von frischem Land und brackigem Wasser mit sich. Eine Duftnote, die unnachahmlich die Polderlandschaft prägt. Die Bauern behaupten, dass man in dieser Gegend morgens bereits die Gäste in der Ferne sieht, die einem mittags den Genever wegtrinken. Die Weite der flachen Landschaft bot sich Malern wie Hendrick Avercamp (1596–1656) und Jacob von Ruisdael (1628 bis 1682) als Thema an. Und über dem Land die Wolken, jene bekannten Kumulusgebilde, als Stapelwolken umschrieben, die typisch sind für die Bilder der alten Meistermaler. Historische Städte wie Alkmaar, Enkhuizen, Hoorn, Haarlem oder Monnickendam haben sich in ihren Zentren einen gemütlichen Charakter bewahrt, umschlossen von Vorortsiedlungen, Gebieten mit Gewächshäusern, Industrieanlagen, Blumenzuchtfeldern und Bauernland. Die Strände werden immer weiter. Mehrere Millionen Kubikmeter Sand werden Jahr für Jahr von Den Helder im Norden der Provinz Nordholland bis zur

Alkmaar ist ein wichtiger Umschlagplatz für Käse

Hotel- und Restaurantpreise

Hotels
€€€: über 120 Euro
€€: 70 bis 120 Euro
€: bis 70 Euro
Die Preise gelten für zwei Personen im Doppelzimmer mit Frühstück pro Nacht.

Restaurants
€€€: über 25 Euro
€€: 15 bis 25 Euro
€: bis 15 Euro
Die Preise beziehen sich auf ein dreigängiges Menü für eine Person ohne Getränke.

Mündung des Nordseekanals ins Meer bei Ijmuiden durch Sandspülungen aufgeschüttet, um zu verhindern, dass die Küste weiter abgetragen wird. In erster Linie geht es dabei also um den Schutz der Küste und des Polderlandes, das unterhalb des Meeresspiegels liegt, aber Sandspülungen haben gleichzeitig einen willkommenen Nebeneffekt: Der Strandtourismus in dieser Region wird gefördert. Beliebte Badeorte wie Bergen, Egmond, Schoorl oder Zandvoort profitieren davon.

ALKMAAR

(**116/A-B5**) Der Käsemarkt, der jeden Sommer regelrecht inszeniert wird, ist die touristische Attraktion der küstennahen Stadt. Ihre Blütezeit erlebte sie nach dem 80-jährigen Krieg gegen Spanien im ausgehenden 16. Jh. Alkmaar (95 000 Ew.), seit 1254 mit Stadtrechten versehen, hat

MARCO POLO TIPPS FÜR DIE HALBINSEL HOLLAND

1 Marken
Ein holländisches Bilderbuchdorf, das über einen zwei Kilometer langen Deich zu erreichen ist (Seite 33)

2 Hotel Spaander in Volendam
Man schnuppert typisch altholländische Atmosphäre (Seite 33)

3 Bergen
Mit seinen Landhäusern einer der reizvollsten Orte (Seite 31)

4 Freilichtmuseum Enkhuizen
Die fast vergessene Welt der Fischer wird hier anschaulich dokumentiert (Seite 35)

5 Batavia-Werft
Auf der historischen Schiffswerft wird zurzeit das Admiralitätsschiff »De Zeven Provinciën« von 1665 rekonstruiert (Seite 36)

6 Schokland
Ehemalige Insel mit historischer Warftkirche und alten Gebäuden (Seite 36)

7 Frans Hals Museum in Haarlem
Werke von Malern der Haarlemer Schule (Seite 37)

8 Haarlems Altstadt
Das Zentrum mit den kleinen Geschäften *(winkel)* gilt als schönstes Einkaufsviertel Hollands (Seite 39)

9 Zaanse Schans
Freilichtmuseum mit gepflegten Holzhäusern, Mühlen und alten Läden (Seite 39)

10 Hoorn
Früher die wichtigste Stadt an der Zuiderzee, heute ein altholländisches Idyll (Seite 40)

300 Jahre alte Giebelhäuser säumen die Grachten von Alkmaar

ein historisches Zentrum mit Grachten, Gassen und mehr als 400 denkmalgeschützten Häusern.

BESICHTIGUNGEN

Grachten
An den Grachten Luttik Ouddorp, Verdronken Oord und Oude Gracht sind noch zahlreiche Giebelhäuser aus dem 17. Jh. zu sehen.

Grote Kerk
Die spätgotische St. Laurenskerk (erbaut 1470–1516) mit ihrer mächtigen Kirchenorgel, der ältesten des Landes. *Koorstraat*

Mühle Van Piet
Zeugin der Vergangenheit ist die Getreidemühle Van Piet, die sich noch immer dreht. *Ritsevoort, Fr und Sa 10–17 Uhr*

Rathaus (Stadhuis)
Das um 1500 errichtete Rathaus macht mit seinem markanten Turm auf sich aufmerksam. *Langestraat 97*

EINKAUFEN

Märkte
Wer Appetit auf frischen Fisch hat: Am Mient findet Freitagmorgen ein *Fischmarkt* statt. Ebenfalls am Freitag stapeln sich die Käselaibe auf dem Platz an der Stadtwaage. Der *historische Käsemarkt* zieht viele Touristen an *(April–Sept. Fr 10–12.30 Uhr).*

AUSKUNFT

VVV
Alkmaar, Waagplein 3, Tel. 072/ 511 42 84, Fax 511 75 13

BERGEN

(116/A 5) ★ ❂ Die ehemalige Malerkolonie Bergen, durch eine Parkallee mit dem Badeplatz Bergen aan Zee verbunden, ist von einem Waldgebiet umgeben. Eine Ausstellung von Werken der Bergener Schule in einer alten Villa erinnern an die Zeit der Maler. Ein breiter Sandstrand und das weite Dünengebiet, durch das man wandern und radeln kann –

etwa nach Schoorl oder Egmond – geben Bergen eine besondere Note. Bergen war um die Jahrhundertwende als Erholungsort bei wohlhabenden Kaufleuten und Künstlern aus Amsterdam beliebt. Es hat sich seinen Charme bis heute bewahren können. Die vielen schönen, teilweise reetgedeckten Villen sind typisch für das Dorf.

RESTAURANTS

De kleine Prins
In dem kleinen, feinen Restaurant serviert man schmackhafte Gerichte. *Mi–So 18–23 Uhr, Oude Prinsweg 29, Tel. 072/589 69 69, €€€–€€*

't Strooie Huys
Unter dem Strohdach genießt man vegetarische Küche. Es gibt auch zehn spartanisch eingerichtete Zimmer. *Do–Di 17–20 Uhr, Burg Peecklaan, Schoorl, Tel. 072/509 12 60, €*

HOTELS

Hotel Boschlust
Kleines Hotel mit der Atmosphäre eines Bauernhofs. Restaurant. *21 Zi., Kruisweg 60, Tel. 072/581 20 60, Fax 589 84 79, €€*

Merlet
Komfortables Landhaus, in den Dünen gelegen. Ausgezeichnetes Restaurant. *18 Zi., Duinweg 15, Schoorl, Tel. 072/509 36 44, Fax 509 14 06, €€€*

AUSKUNFT

VVV
Bergen, Plein 1, Tel. 072/581 31 00, Fax 581 38 90

ZIEL IN DER UMGEBUNG

Egmond aan Zee (116/A 5)
Viel besuchter und quirliger Badeort, guter Strand und zahlreiche Gelegenheiten zu Wanderungen im Dünengebiet. Im Dorf stand das Stammschloss der Grafen von Egmont, das 1573 von Spaniern zerstört wurde. Die Ruinenreste können besichtigt werden.

EDAM

(121/F 1) Weltberühmt wurde die Kleinstadt (25 000 Ew.) durch die rot und gelb verpackten kugelrunden Käse, die hier schon im 17. Jh. verkauft wurden. Zu jener Zeit war Edam eine blühende Hafenstadt mit 30 Werften, auf denen die Segler gezimmert wurden, die die Reichtümer aus den Kolonien holten. Die strenge Backsteinkirche überragt den sehr ruhigen Ort. An der Waage: Käsemarkt mittwochmorgens in den Monaten Juli und August.

RESTAURANTS/HOTELS

Damhotel
Im Herzen des Ortes liegt das urgemütliche Café und Restaurant mit holländischen Spezialitäten. Auch 10 Zimmer. Zimmer Nr. 7 ist mit Himmelbett ausgestattet, man blickt auf die Gracht. *Keizersgracht 1, Tel. 0299/37 17 66, Fax 37 40 31, €€*

De Fortuna
Romantisch gelegen, im altholländischen Stil, feine Küche. Die Zimmer sind über fünf Häuser verteilt. *28 Zi., Spuistraat 3, Tel. 0299/37 16 71, Fax 37 14 69, €€€ bis €€*

ZIELE IN DER UMGEBUNG

Broek in Waterland (121/F 2)
Ein Hollandidyll: Gut besuchtes Dorf mit hübschen Holzhäuschen. Das besonders malerische Viertel ist *Havenrak,* einst der Ortshafen. Gemütlich sitzt man im Café *De Witte Swaen, Dorpsstraat 11/13, tgl. 12–21 Uhr.* Spezialität: Pfannkuchen.

Monnickendam (121/F 2)
Der früher so reichen Stadt sieht man ihre ruhmreiche Vergangenheit nur noch an einigen Bürgerhäusern, dem Rathaus und der Grote Kerk (14. Jh.) an. Gemeinsam mit Hoorn und Enkhuizen gehörte Monnickendam (11 000 Ew.) damals zu den großen Hafenstädten, bis es vom Konkurrenten Amsterdam überflügelt wurde und verfiel. Vom Spielturm (16. Jh.) erklingt regelmäßig ein Glockenspiel. Yachthafen, Aalräuchereien und zahlreiche Imbisse mit Fischsnacks am Wasser.

Volendam (122/A 1)
Das Markenzeichen von Käsefrau Antje aus der Werbung, die Spitzenhaube *hulletje,* wurde in diesem turbulenten Fischerdorf erfunden. Es hat als Werbeträger bereits Sängern und Fußballern zum Erfolg verholfen. Mit Stolz tragen die Fischer noch ihre Pluderhosen und die Frauen ihre gestreiften Schürzen. Interessant die Holzkirche von 1685, kurios das ★ Hotel *Spaander* am Hafen wegen seiner altholländischen Atmosphäre. Café und Restaurant sind angeschlossen *(80 Zi., Haven 15, Tel. 0299/36 35 95, Fax 36 96 15, €€).* Vom Hafen aus fahren Boote nach ★ Marken, einer früheren Fischerinsel (man kann sie auch über einen Damm, 1957 gebaut, erreichen). Das Museumsdorf Marken ist das calvinistische Gegenstück zum lebensfrohen katholischen Volendam. Die malerischen Holzhäuschen sind in Grün, Silbergrau oder Teerschwarz gestrichen.

Das Museumsdorf Marken zeigt, wie die Fischer in früheren Zeiten lebten

Wie die Fischerfamilien früher wohnten, sehen Sie bei *Sijtje Boes, Havenbuurt 21, März–Okt. Mo–Sa 9–18 Uhr.*

ENKHUIZEN

(117/E4) Die Stadt (17 000 Ew.) ist heute als Wassersportzentrum bekannt. Im Buitenhaven liegen dicht an dicht die historischen Boote, mit denen man übers IJsselmeer, zu den Nordseeinseln, nach Dänemark, England oder Norwegen segeln kann. Als das Ijsselmeer noch Zuiderzee hieß, war es Teil der wichtigsten Handelsroute für die Segler, die aus Asien, der Ostsee und dem Nordmeer nach Holland kamen.

BESICHTIGUNGEN

Patrizierhäuser

Dass Enkhuizen seine große Blütezeit im 16. und 17. Jh. hatte, kann man noch an den Fassaden und Giebeln der Bürgerhäuser in der Westerstraat sehen.

Stadtbefestigung

Von der Stadtbefestigung steht noch der mächtige Rundturm, *Dromedaris* genannt, der während der Kolonialzeit Gefängnis war. Vom Turm hat man einen schönen Rundblick über Hafen und Stadt. *Am Hafen*

Stadtwaage (De Waag)

Im Stil der Frührenaissance (1599) errichtetes Haus. *Kaasmarkt*

St. Pancraskerk

Überragt wird Enkhuizen vom 75 m hohen Turm der St. Pancraskerk (16. Jh.) mit ihrem Glockenspiel. *Mi 11–12, Fr 19.30 bis 20.30 Uhr*

MUSEEN

Buddelschiff-Museum

Hinter dem Portal in der Westerstraat 73 befindet sich ein *Hofje,* ein in sich abgeschlossener Wohnhof, in dem dieses Buddelschiffmuseum untergebracht ist. 700 Buddelschiffe gibt's in dem wunderlichen Haus zu sehen. *Tgl. 10–18 Uhr, MJK, Zuiderspui 1*

Museum Zuiderzee

Es birgt gleich zwei Museen: Das Innenmuseum, ein Lager-

Charterboote

Das holländische Wassernetz ist rund 6000 Kilometer lang, rund 900 000 Urlauber befahren es jährlich. Eng kann es dann in den Häfen und vor den Schleusentoren werden. Beliebt sind Fahrten in Zeeland, im Ijssel- und Wattenmeer. Inzwischen gibt es etwa 400 »bruine« Boote, deren Eigentümer sich in der Stiftung »Traditionelle Charterfahrt« (TCN) zusammengeschlossen haben. Besonders beliebt sind Boote bei deutschsprachigen Gästen. Enkhuizen gehört zu den großen Yacht- und Segelzentren. Es ist Heimathafen der Firma Zeilvaart *(Stationsplein 3, Tel. 0228/ 31 24 24, Fax 31 37 37),* die Segelarrangements oder Überfahrten auf dem IJsselmeer anbietet. *Buchungszentrale Flevoland, Tel. 0320/28 67 68*

haus der Vereinigten Ostindischen Kompanie aus dem 17. Jh., stellt Boote, Möbel, Trachten, Gemälde und vieles mehr aus. Das rund 500 m entfernte ★ Freilichtmuseum dokumentiert die fast vergessene Handwerker- und Fischereikultur rund um die frühere Zuiderzee. Auf einem weiten Areal, durchzogen von Kanälen, wurden rund 135 Gebäude aus Dörfern originalgetreu wieder aufgebaut und im Stil ihrer Zeit (1880–1932) eingerichtet. Aus Kollum kommt die Dorfschule, aus Hoorn die Apotheke, von Urk Fischerhäuser, die Kalköfen aus Akersloot. In der Wäscherei, dem Bootshaus und der Korbflechterei wird gearbeitet; Krämerläden und Café sind geöffnet, frisch geräucherten, noch warmen Aal oder Bückling gibt's in der Räucherei. Auf dem Kindereiland wird in »Siberie« das Leben um 1930 nachgespielt. *Innenmuseum tgl. 10–17 Uhr, Freilichtmuseum April–Ende Okt. tgl. 10–17, Juli–Aug. bis 18 Uhr, Eintritt 8,50 Euro (MJK)*

HOTEL

De Port van Cleve

Ein Hotel mit historischem Charme. Die 26 Zimmer sind teilweise altmodisch, teilweise modern möbliert. Mit elegantem Restaurant und Terrasse. *Dijk 74–78, Tel. 0228/31 25 10, Fax 31 87 65, €€*

ZIEL IN DER UMGEBUNG

Goldener Zirkel

An den Ufern des IJsselmeers, der früheren Zuiderzee, findet man das historische Dreieck der altholländischen Städte von Edam bis Medemblik – Kunst- und Kulturgeschichte sowie Natur. Sie können kombinierte Boots- und Fahrradtouren buchen oder die Runde ums IJsselmeer selber planen. *Tel. 0800/ 250 50 50, www.goudencirkel.nl*

Medemblik (117/D 3)

Von Enkhuizen aus können im Sommer Ausflüge mit dem Boot nach Medemblik, dem ältesten Ort Westfrieslands (aus dem 10. Jh.), unternommen werden. Vor dem Bau des Abschlussdeiches war Medemblik ein Handelshafen, heute ist der Ort vor allem Ziel für Wassersportler. Sehenswert sind die spätgotische Hallenkirche *St. Bonifatius* (15./ 16. Jh.) und *Schloss Radboud* (1288). Die verfallene Burg wurde im 18. Jh. restauriert und ist heute Kulturzentrum. Zwischen Medemblik und Hoorn verkehrt eine historische Eisenbahn *(Ostern bis Ende Okt., Tel. 0229/21 48 62)*. Ein angenehmes und modernes Haus ist das *Tulip Medemblik* mit 26 Zimmern *(Oosterhaven 1, Tel. 0227/54 38 44, Fax 54 23 97, €€)*.

FLEVOLAND

(122/123) Bei der Reise durch die »Meeresprovinz« wird man immer wieder an den starken Willen der Holländer erinnert, dem Wasser Land abzuringen. Flevoland, die jüngste Provinz Hollands, gehört dazu: eine aus dem Meer gewonnene Kunstlandschaft, bis zu fünf Meter unter dem Meeresspiegel liegend – und platt wie ein Billardtisch. Die Hauptstadt von Flevoland, Lelystad, und der Ort Almere sowie eine Vielzahl von Dörfern sind auf dem Reißbrett entstanden.

Es gibt in diesem 141 000 ha großen Feriengebiet 21 Yachthäfen mit rund 7000 Liegeplätzen – viele Segelboote gehören deutschen Eigentümern – sowie zahlreiche Bungalowdörfer. Ein wichtiges Vogelschutzgebiet ist *Oostvaarder plassen* mit Seen, Sumpf und Wäldern. Mit Unterstützung der EU werden in dieser Provinz Straßen, Eisenbahnlinien sowie Forschungs- und Kulturzentren gebaut.

BESICHTIGUNG

Batavia-Werft **(122/C 1)**

★ ⚲ Die fast 60 m lange »Batavia«, die während ihrer ersten Reise vor der Küste Westaustraliens sank, wurde rekonstruiert und ist schwimmfähig. Zurzeit wird an dem Admiralitätsschiff »Zeven Provinciën« aus dem Jahre 1665 gearbeitet. Der Stapellauf ist für 2005 geplant. Im Besucherzentrum gibt es Werkstätten und eine Taverne. *Tgl. 10–17 Uhr, Juli–Aug. auch abends, Oostvaardersdijk, Lelystad, www.bataviawerf.nl*

MUSEUM

Nieuw Land Poldermuseum **(122/C 1)**

Ausstellung zum Thema Landgewinnung und -erhalt. *Mo–Fr 10 bis 17, Sa–So 11.30–17 Uhr, Eintritt 3,80 Euro (MJK), Oostvaardersdijk, Lelystad*

AUSKUNFT

Tourist Information

Postfach 548, 8200 AM Lelystad, Tel. 0320/28 67 50, Fax 25 80 80, www.saturnus.nl/vvvf, Buchungszentrale: Tel. 0800/250 50 50

ZIELE IN DER UMGEBUNG

Schokland **(119/D 5)**

★ Schokland, eine ehemalige Insel, wurde 1996 von der Unesco zum Weltkulturerbe erklärt. Das winzige Anwesen besteht aus einer kleinen Kirche, einigen Häusern, Museum und Restaurant. *(April–Okt. Di–So 11–17 Uhr, Nov.–März Sa–So 11–17 Uhr, www.natuurlijk-schokland.nl)*

Urk **(118/B 5)**

Das bereits im Jahre 966 erwähnte Fischerdorf Urk war bis 1939 ebenfalls eine Insel in der Zuiderzee. In diesem frommen Ort mit seinen 17 Kirchen ist das Arbeiten am Sonntag noch immer verboten. Lebendig ist es am Freitag, wenn die Fischtrawler, die modernsten Hollands, vom Fang zurückkehren. Schiffseigner und Polizei passen auf, dass niemand eine Kiste mit Seezungen blitzschnell in einem Kofferraum verschwinden lässt. Vom alten ✺ Leuchtturm, direkt am Wasser, hat man einen herrlichen Panoramablick über das Dorf. Am Hafen gibt es einige Fischrestaurants, u.a. *De Kaap, tgl. 12–22 Uhr, Wijk 1, Nr. 5, Tel. 0527/68 15 09, €€.*

HAARLEM

(120–121/C–D 2–3) Wer nach Haarlem möchte, der nimmt am besten die Bahn, denn er kommt im schönsten Bahnhof Hollands an: eine Station im Jugendstil aus dem Jahre 1908. Die Blumenstadt, nur sieben Kilometer von der Nordseeküste entfernt, ist umgeben von einem Dünen- und Waldgebiet und gilt als die interessanteste Einkaufsstadt des

Landes. Die Hauptstadt der Provinz Nordholland (150 000 Ew.) hat eine intakte historische Innenstadt mit der Atmosphäre der »guten alten Zeit«. Die Stadt ist etwas älter als Amsterdam; sie erhielt 1245 die Stadtrechte. 1573 wurde sie während des 80-jährigen Krieges gegen Spanien sieben Monate lang belagert. Die wirtschaftliche Blüte kam nach dem Ende der spanischen Herrschaft durch den Zuzug von Flüchtlingen aus Flandern. In dieser Zeit galt sie als kulturelles Zentrum Hollands.

Zahlreiche Künstler, Baumeister und Maler wohnten in Haarlem. Berühmtester Maler der Stadt war Frans Hals, dem hier ein Museum gewidmet ist. Der Stadtbaumeister Lieven de Key schuf einige herausragende Bauwerke: z. B. die Vleeshal (1602–1603) und 1608 das Altmännerhaus, das seit 1913 als Museum zugänglich ist. Im Frühjahr kann man rund um Haarlem die wohl größte Blüte der Welt auf den Blumenfeldern erleben.

BESICHTIGUNGEN

Grote Markt

Der Große Markt mit St. Bavo, dem Rathaus im Stil der holländischen Renaissance und der Vleeshal (Ausstellungen moderner Kunst) hat sich seit dem 17. Jh. kaum verändert. Zahlreiche Cafés und Restaurants, etwa das *Grand Café Brinkmann* (beliebter Treffpunkt), das Loft (modern und trendy) und die historische Kneipe *In den Uiver.*

Haarlemer Bahnhof

Ein Kleinod aus den Kindertagen der Eisenbahn, 1908 im Jugendstil mit Elementen aus Kacheln und Holz errichtet. Zwischen Amsterdam und Haarlem fuhr 1839 die erste Eisenbahn Hollands.

St. Bavo (Grote Kerk)

Das auffallendste Gebäude der Stadt ist die spätgotische Kreuzbasilika St. Bavo (14.–16. Jh.) am Grote Markt, gekrönt vom 80 m hohen, schlanken Turm. Der Großteil des Kircheninneren stammt noch aus der Zeit vor der Reformation, und das klingende Schmuckstück ist die weltberühmte Orgel, 1738 von Christian Müller erbaut. Händel, Mozart, Schubert, Liszt und Albert Schweitzer spielten hier. *Orgelkonzerte Di abends Mai–Okt., Grote Markt*

St. Bavo Kathedraal

Im westlichen Stadtteil an der Leidsevaart erhebt sich der eindrucksvolle Kuppelbau mit neogotischen und arabischen Stilelementen. St. Bavo (1927–1930) ist 100 m lang, 42 m breit und 61 m hoch. Schatzkammer mit goldenen und silbernen Sakralgegenständen.

MUSEEN

Cruquiusmuseum

Museum zur Geschichte der Polder. *März–Okt. Mo–Fr 10–17 und Sa–So 11–17 Uhr, Eintritt 6 hfl (MJK), Cruquiusdijk 27*

Frans Hals Museum

★ Werke der Maler der Haarlemer Schule, die als Wegbereiter der niederländischen Malerei gelten, bilden den Schwerpunkt. Höhepunkt ist der eindrucksvolle Zyklus der acht Gruppenbilder Haarlemer Regenten und

Historie festgehalten: »Festmahl der St.-Adrian-Schützengilde« von Frans Hals

Schützengilden (Schutters) von Frans Hals. Weitere große Maler: Jan van Scorel, Maerten van Heemskerck. Außerdem Stilmöbel, Silberschmuck, eine rekonstruierte Apotheke und ein historisches Puppenhaus. Ferner Werke zeitgenössischer Maler aus der Gegend Nordhollands. Im Zentrum des Vierflügelbaus befindet sich der schönste Museumsgarten des Landes. Von der einen Pforte guckt »Pessimist« Herakles herunter, von dem anderen Tor der »Optimist« Demokrit. *Mo–Sa 11–17, So 13–17 Uhr, Eintritt 3,60 Euro (MJK), Groot Heilig-Land 62*

Teylers Museum

Das älteste Museum der Niederlande wurde vom reichen Tuchhändler Pierre Teyler von der Hulst 1778 gegründet. In neoklassizistischer Umgebung wird eine bunte Kollektion zu den Themen Wissenschaft, Zoologie, Kunst ausgestellt. Mineralien und Münzen sind zu sehen, aber auch Zeichnungen u.a. von Rembrandt, Raffael und Michelangelo. *Di–Sa 10–17, So 12–17 Uhr, Eintritt 3,40 Euro (MJK), Spaarne 16*

RESTAURANTS

De Componist

Die beste Adresse der Stadt in einem ehemaligen Art-déco-Laden. Die Menüs sind mutig komponiert. *Tgl. 17.30–23 Uhr, Korte Veerstraat 1, Tel. 023/532 88 53, €€€*

De Gekroonde Hamer

Vorbildliches Restaurant mit gut zubereiteten Speisen, in dem wirklich alles harmonisch ist. *Mo–Sa 17.30–22 Uhr, Breestraat 24, Tel. 023/531 22 43, €€*

De lachende Javaan
Fernöstliche Küche mit Schwerpunkt Java, die den Gaumen kitzelt. *Di–So 18–23 Uhr, Frankestraat 27, Tel. 023/532 87 92, €€*

Herberg de Waag
Romantisches *eetcafé,* historische Umgebung. *Tgl. geöffnet, Damstraat 29, Tel. 023/531 16 40, €*

EINKAUFEN

In den ★ Gassen des Zentrums viele kleinere Geschäfte, *winkel* genannt. Hier scheint die Zeit stehen geblieben zu sein. Rund um den Marktplatz, Gedempten Oude Gracht, in der Zijl- und der Kruisstraat gibt es die meisten historischen *winkel:* u.a. *Voet en Zon* (Tabak), *Kruisstraat 39, Haarlemer Halletjes* (Schokolade), *Kruisstaat 37, Van der Pigge, Gierstraat 3,* ferner der Seifenmacher *La Savonnière,* das Modegeschäft *Versato, die* Buchhandlung *Willa Reinke* und die Patisserie *De Taart van m'n Tante.*

AUSKUNFT

VVV
Haarlem, Stationsplein 1, Tel. 0900/616 16 00, Fax 023/534 05 37, www.noordholland/tourist.nl

ZIELE IN DER UMGEBUNG

Beverwijkse Bazaar **(121/D 1)**
Mit 3000 Ständen in fünf Hallen ist dies wohl Europas größter Markt. Von Kräutern und Gewürzen bis zu Trödel und Kleidung (auf dem Zwarte Markt) findet man alles. *Sa 8–16.30, So 8–17.30, Eintritt 2,70 Euro. Über A 9 Haarlem–Alkmaar, dann Afslag A 22*

Ijmuiden **(120/C 2)**
Der Vorhafen von Amsterdam und Hollands größter Fischereihafen entstand 1875 fast zeitgleich mit dem Nordseekanal. Die Sehenswürdigkeiten von Ijmuiden sind die vier Schleusen, von denen die *Noordersluis* von 1929, 50 m breit, 15 m tief und 400 m lang, die größte Europas ist. Von der Seebrücke beim *Zuiderpier* hat man einen guten Blick auf die ein- und auslaufenden Schiffe. Schöner Strand bei Ijmuiderslag. Es gibt mehrere gute Fischrestaurants, beispielsweise *Imko's (So–Fr 12–22, Sa 18–23 Uhr, Halkade 9c, Tel. 0255/51 75 26, €€€).* oder *Augusta:* leckere, kreative Küche in romantischer Umgebung. *Tgl. ab 12 Uhr geöffnet, Oranjestraat 98, Tel. 0255/51 42 17, €€*

Zaanse Schans **(121/E 2)**
★ Holland, wie es die bunten Prospekte zeigen: Zaanse Schans ist ein adrettes *Freilichtmuseum (tgl. 10–17 Uhr)* mit gepflegten grünen Holzhäusern und weißen Fensterläden, alten Lädchen und wuchtigen *Mühlen,* von denen man drei besichtigen kann *(Mitte März–Mitte Okt. tgl. 8.30–17 Uhr).* Um die Jahrhundertwende gab es hier noch mehr als 100 Mühlen. Angeboten werden auch *Rundfahrten auf der Zaans* in kleinen Booten. Schön am Wasser gelegen ist das Restaurant *De Hoop op d'Swarte Walvis:* phantasievolle und teure Küche *(Mo bis Sa 12–14.30 und 18–24 Uhr, Kalverringdijk, Tel. 075/616 56 29, €€€).*

Zandvoort aan Zee **(120/C 3)**
Gemeinsam mit Scheveningen und Renesse gehört Zandvoort

(16 000 Ew.) zu den besonders beliebten Urlaubszielen an der holländischen Nordsee. An der Promenade am Meer stehen die Hotel- und Apartmentkomplexe. Hier findet während der Sommersaison das statt, was man gemeinhin als »Massentourismus« bezeichnet – jährlich zieht es rund 1,5 Mio. Besucher in diesen Badeort. Wer zum ersten Mal nach Zandvoort kommt, glaubt nicht, dass dies einst ein elegantes internationales Bad gewesen ist, das auch gekrönte Häupter wie Sissi, die Kaiserin von Österreich, aufsuchten und das eine direkte Zugverbindung nach Berlin hatte. Das »Amsterdam aan Zee« ist das Hausbad der Hauptstädter und ein beliebtes Tagesziel für Deutsche aus dem Ruhr- und Rheingebiet. Am Strand stehen dicht an dicht diverse Cafépavillons. Dort kann man Sonnenschirme und Liegestühle mieten oder Musik hören. Typisch sind auch die Fischkarren am Strand mit sehr geschäftstüchtigen Verkäufern. Hinter dem alten Leuchtturm in Richtung Noordwijk liegen ein FKK- und ein von Homosexuellen bevorzugter Strand.

Die Ferienstadt zwischen dem Nationalpark *Kennemer Duinen* – Trinkwasserreservoir für Amsterdam und ein herrliches Wandergebiet – und dem Nordseestrand feierte 1979 ihr 150-jähriges Jubiläum als Seebad. Trotz aller Attraktionen versucht Zandvoort, den ursprünglichen Charakter im Dorfkern zurückzugewinnen und seinen Ruf zu retten. Noch wird das Zentrum von Imbissbuden, Eisdielen und dem bunten Spielzentrum *Circus Zandvoort* beherrscht. Eine Kommission soll nun versuchen, das Image von Zandvoort nach dem Vorbild des flämischen Seebads Blankenberge aufzuwerten. Dass Zandvoort so ist, wie es heute ausschaut, ist eine Folge des Zweiten Weltkrieges, als die deutschen Besatzer ein Drittel der 2700 Gebäude, darunter auch die alten Badehotels, abrissen, mit dem Ziel, ihr Projekt »Atlantikwall« umzusetzen. Hinter dem Badeort erstreckt sich das großartige Naturschutzgebiet *Kenemer Duinen* mit guten Rad- und Wanderwegen. Villenvororte wie *Bloemendaal* prunken mit Landsitzen am Rand der Bollenstreek, des von Mitte März an blühenden Blumenlandes. Große Auswahl an einfachen Pensionen. In den Dünen liegt der *Bungalowpark Gran Dorado* und am Strand das mit Hallenbad ausgestattete *Gran Dorado Strandhotel (118 moderne Zi., Tel. 023/572 00 00, Fax 573 00 00, €€€).* Das Familienhotel *Zuiderbad,* am Strand gelegen, ist einfach eingerichtet *(30 Zi., Bld. Paulus Loot 5, Tel. 023/571 26 13, Fax 571 31 90, €€).* Außerdem: Camping *De Branding, Tel. 023/ 571 30 35, Fax 571 92 83 und De Duinrand, Tel. 023/571 24 12, Fax 573 45 29, beide Boulevard Barnaart.*

HOORN

(117/D 5) ★ Zwei Hoorner Söhne haben die Stadt weltberühmt gemacht: Abel Tasman (1603 bis 1659), Entdecker von Neuseeland und Tasmanien, und Willem Schouten (1580–1625), der 1616 die Vorgebirge von Südamerika umsegelte und sie nach seiner Vaterstadt benannte: Kap Hoorn. Hoorn (60 000 Ew.) wurde im

14. Jh. von norddeutschen Kaufleuten gegründet und erhielt 1357 das Stadtrecht. Im 18. Jh. – als Folge der englischen Kriege – trat der Verfall ein, im 19. Jh. wurden sogar die alten Hafenbecken zugeschüttet. Tourismus und Wassersport sind heute wichtige Erwerbsquellen.

Die Gegend rund um den Appelhaven, Veermanskade, Grote Noord und um den alten Binnenhaven mit den Giebel- und Lagerhausfassaden ist besonders hübsch. Wer durch die Gassen dieser altholländischen Stadt geht, die in den Jahren 1560 bis 1640 als Hafen so bedeutend wie Amsterdam war, findet noch 300 Gebäude aus jener Zeit, als die frühere Hauptstadt Westfrieslands Ausgangspunkt für den Handel zwischen Holland und den Ostseeländern war. Die Kaufleute verdienten mit Holz, Heringen und Leinen ein Vermögen. Ein schönes Grand Café ist *La Bascule, Rode Stenen 8* am Markt *(Di geschl.)*. Hoorn und Enkhuizen verbindet eine rund 23 km lange, reizvolle Nebenstraße auf dem Seedeich – als Koggen-, Boerenland- oder Zuiderzee-Route ausgeschildert.

BESICHTIGUNGEN

Jan-Pieterszoon-Coen-Denkmal

Jan Pieterszoon Coen, der in Hoorn geboren wurde, war Gründer – und skrupelloser Gouverneur – von Batavia (heute Jakarta). Sein Standbild ziert den Platz vor der Stadtwaage.

Kirchen

Nicht zu übersehen ist der hohe Turm der *Noorderkerk* (1426 gegründet). Eine schöne Wendeltreppe aus Eichenholz (15. Jh.) ist erhalten. Am Grote Oost erhebt sich die spätgotische *Oosterkerk,* um 1450 erstmals errichtet, um 1615 im Renaissancestil erneuert.

Der Hafenturm der altholländischen Stadt Hoorn wacht über die mehr als 1000 Yachten, die im Hafen dümpeln

Besonderheit: Die Kirche ist nach Süden ausgerichtet.

Stadtwaage (Waag)
Im Jahre 1609 von Hendrik de Keyser errichtet, erinnert die Waage an die Zeit der großen Seefahrer. *Roode Steen*

MUSEUM

Westfries Museum
Gegenüber der Waage birgt das 1632 erbaute *Proostenhuis,* einst Sitz des Rates von Westfriesland, das Westfries Museum mit Sammlungen zur Stadtgeschichte. *Mo–Fr 11–17, Sa, So 14–17 Uhr, Eintritt 2,20 Euro, Kinder 1,10 Euro (MJK), Rode Steen 1*

AUSKUNFT

RVV
Region West-Friesland, Veemarkt 4, 1621 JC Hoorn, Tel. 0900/ 403 10 55, Fax 029/21 50 23

LEEUWARDEN/ FRYSLÂN

(**112/113**) An den Autos sieht man die Aufkleber FRL, und überall weht die friesische Flagge mit den sieben roten Seerosenblättern (pompebledden): Fryslân heißt die eigensinnige Provinz, in der man stolz ist, kein Holländer zu sein. Friesland ist wegen seiner Naturschönheiten und historischen Orte bekannt, vor allem aber als vielseitiges Wassersportparadies beliebt.

In Leeuwarden (Ljouwert) wird man folgendermaßen begrüßt: *Jimme binne tige wolkom:* Sie sind herzlich willkommen in der Provinzhauptstadt von Friesland, in der die fesche Friesin Mata Hari geboren wurde. Mata Hari war in Paris Tänzerin und wurde wegen angeblicher Spionage für Deutschland im Ersten Weltkrieg hingerichtet. Die Stadt (85 000 Ew.) besitzt ein ruhiges Zentrum und schöne Stadtkanäle *(Over de Kelders* und *Voorstreek).*

BESICHTIGUNGEN

Grote Kerk (Jacobijnerkerk)
Die ehemalige Dominikanerkirche stammt aus dem 13. Jh. Im Innern sind die friesischen Mitglieder der Nassauer beigesetzt. *Juni–Aug. Di–Fr 14–16 Uhr, Eintritt frei, Kerkstraat*

Oldehove Toren
Wahrzeichen der Stadt ist der sehr schiefe, 40 m hohe Backsteinturm, von dem man eine schöne Aussicht hat.

MUSEUM

Fries Museum
Ein aus mehreren Gebäuden bestehender Museumskomplex: Ausstellungen zu den Themen Archäologie und Textilverarbeitung, die Geschichte Mata Haris, die zweitgrößte Sammlung von Silberarbeiten der Niederlande und moderne friesische Kunst. Und im angeschlossenen *Eysingahuis* hat man das Gefühl, bei einer adeligen Friesenfamilie zu Gast zu sein. *Mo–Sa 11–17, So 13–17 Uhr, Eintritt 3,40 Euro, Kinder 2,20 Euro (MJK), Turfmark 11*

ÜBERNACHTUNG

Bed & Brochje
Das friesische B&B kostet pro Nacht/Person 35 hfl. Adressen

beim *NNBT* (s. Auskunft) oder über die Buchungszentrale: *Tel. 0512/58 50 85.*

AUSKUNFT

NNBT
Postfach 330, NL-9200 AH Drachten, Tel. 0031/512/58 50 00, Fax 58 50 90, www.vvvfriesland.com

ZIELE IN DER UMGEBUNG

Harlingen (Harns) (112/B 4)
Als Fährhafen nach Terschelling und Vlieland ist Harlingen ein idealer Ausgangspunkt für Fahrten durchs Wattenmeer. Man sollte sich, bevor man zu den Inseln aufbricht, die Zeit nehmen, um durch das historische Zentrum zu spazieren. Die kleine Seefahrerstadt mit den alten Lagerhäusern hat einen geschlossenen Stadtkern mit mehr als 500 historischen Gebäuden.

Im Hannemahuis befindet sich das *Städtische Museum (Voorstraat 56, Juli–Mitte Sept. Di–Sa 10–17, So 13.30–17 Uhr, sonst Mo–Fr 13.30 bis 17 Uhr, Nov.–März geschl., Eintritt 1,10 Euro).* Eine altfriesische Herberge ist *t'Heerenlogement,* in deren Restaurant Sie mit friesischen Spezialitäten verwöhnt werden *(26 Zi., Franekereind 23–25, Tel. 0517/41 58 46, Fax 41 27 62, €€–€).*

Hindeloopen (Hylpen) (118/A 1)
Das friesische Seefahrerstädtchen mit der ruhmreichen Vergangenheit als Hansestadt macht einen eher verträumten Eindruck, war aber im 14. Jh. ein wichtiger Fischereihafen und erlebte im 17. und 18. Jh. seine Blütezeit. Die das Stadtbild beherrschende *Kirche* wurde mehrmals umgebaut, zuletzt im 19. Jh. Wahrzeichen ist der wuchtige viereckige *Turm.* Im Zentrum finden Sie einige hübsche *Commandeurshuizen* und alte Holzbrücken. Bekannt ist die Stadt (11 500 Ew.) wegen ihrer blumigen Möbelmalerei und ihrer traditionellen Tracht. Mehrere Ateliers verkaufen Hindelooper Möbel.

Marina Hindeloopen: gut organisierter Yachthafen mit 550 Liegeplätzen nicht weit vom Ortskern entfernt; Schwimmbad und Kinderbauernhof in der Nähe *(Tel. 0514/52 45 24).*

Sneek (Snits) (113/D 6)
Die zweitgrößte Stadt Frieslands (30 000 Ew.) liegt inmitten des friesischen Seengebietes – und wird vor allem von deutschen Freizeitkapitänen besucht. Sneek und Umgebung gelten als Hochburg des Wassersports, alle Seen und Flüsse der Gegend sind miteinander verbunden – ein praktisch unerschöpfliches Wassersportrevier.

Am Sneeker Meer liegt einer der größten Yachthäfen Europas. Im Ortszentrum das Rathaus mit einer für Friesland seltenen Rokokofassade. Das *Wassertor* mit Türmchen (1613) ist Rest der ehemaligen Stadtbefestigung. Im *Fries Scheepvaart Museum* sind Schiffsmodelle, Keramiken und alte Kostüme zu sehen *(Mo bis Sa 10–17, So 12–17 Uhr, Eintritt 1,40 Euro, MJK, Kleinzand 14).*

Workum (Warkum) (112/C 6)
Das Dorf hat schon fast städtischen Charakter. Es gibt mehrere Einkehr- und Übernachtungsmöglichkeiten, beispielsweise *De Herbergh, 6 Zi., Merk 3, Restaurant tgl. 12–21 Uhr, Tel. 0515/54 13 70, €.*

HOLLANDIA
IUSTITIA
DEL
PHENSIUM
REPARATA

Wo das Land aufhört

Endlose Sandstrände und großstädtische Badeorte bieten Kontraste auf kleinem Raum

Im Westen der Niederlande erstreckt sich lang die Nordseeküste mit ihrem breiten Dünengürtel. Da gibt es Seebäder wie Scheveningen, Katwijk und Noordwijk, kulturhistorisch interessante Städte wie Delft, Dordrecht und Leiden und das Regierungszentrum Den Haag. Und dort liegt auch der größte Hafen der Welt, Rotterdam. Eine Region der Superlative: Kein Gebiet in Europa ist so dicht besiedelt wie der Küstenbereich der Niederlande. Abseits der Verkehrsströme und der großen Städte verbergen sich jedoch noch unbekannte Regionen, die auch viele Einheimische kaum kennen und die sich das »Geheimnis von Holland« nennen.

DEN HAAG – SCHEVENINGEN

☛ **Stadtplan in der hinteren Umschlagklappe**

(**125/E 1**) Den Haag – Sitz der niederländischen Regierung und Residenzstadt der Königin. Der amtliche Name lautet *'s Gravenhage* und leitet sich von der Domäne der Grafen von Holland ab. Der Wohnort von Königin Beatrix vermittelt den Charme einer provinziell-behäbigen Diplomatenstadt, hat aber keine Stadtrechte. Rein formal ist er ein Dorf. Nur einmal, als Napoleon hier abstieg, erhielt Den Haag für 48 Stunden die Stadtrechte – der Franzose wollte nicht in einem Dorf schlafen. Und doch ist hier alles ein wenig vornehmer, sauberer, aber auch ruhiger und zurückhaltender als in der Konkurrenzstadt Amsterdam. Auf gesellschaftliche Rangordnung wird Wert gelegt, und es gibt die besten indonesischen Restaurants des Landes.

Rund um das Regierungszentrum *Binnenhof* (**U/D 4**) ist die Stadt, deren Kulisse von modernen Regierungs- und Verwaltungsgebäuden bestimmt wird, am schönsten. Vom *Buitenplaats,* dem Vorplatz des früheren Grafenschlosses (13. Jh.), führt ein schöner Spaziergang zur *Grote Kerk*, zum *Oude Stadhuis* (**U/C 5**) und schließlich zum Binnenhof: Der *Oude Molsteg* ist noch eine der letzten alten Dorfstraßen, die in eine ebenfalls alte Gasse, die

Wer etwas auf sich hält, gibt sich im Rathaus von Delft das Jawort

Juffrouw Idastraat, mündet. Hier stehen Antiquitäten-, Mode- und andere kleine Läden dicht an dicht. Von der Molenstraat kommt man zum Noordeinde mit dem *Paleis Noordeinde* (**U/C 4**), dem »Arbeitsschloss« von Königin Beatrix. Unter einem eindrucksvollen Kastanienbaum das Denkmal von Königin Wilhelmina. In der Parkstraat steht das *Paleis Kneuterdijk,* durch die Allee Lange Voorhout gelangen Sie zum berühmten *Hotel Des Indes* (**U/D 3**). Die Einkaufsstraße Denneweg ist bekannt für ihre Kuriositäten- und Antiquitätengeschäfte. Nun geht es wieder zurück Richtung *Hofvijver,* dem kleinen See im Zentrum (**U/D 4**). In dem kleinen Turm an der linken Seite des Binnenhofes, direkt gegenüber dem Museum *Mauritshuis,* arbeitet der Ministerpräsident. Sie passieren das Portal vom Binnenhof, kommen beim Plein (Terrassencafés) am *Parlament* (**U/D 4**) vorbei, gehen durch Lange Poten, überqueren

MARCO POLO TIPPS FÜR DIE NORDSEEKÜSTE

1 Fischessen in Scheveningen
Frischen Fisch im Restaurant oder vom Imbiss – köstlich (Seite 49)

2 Mauritshuis in Den Haag
Maler des »Goldenen Zeitalters« sind in diesem Museum vertreten (Seite 49)

3 Panorama Mesdag
Das Halbrundgemälde zeigt Scheveningen, wie es im späten 19. Jahrhundert ausgesehen hat (Seite 49)

4 Delft
Hübsches Ensemble von holländischen Patrizierhäusern (Seite 51)

5 Gracht Rapenburg in Leiden
Die wohl romantischste Gracht des Landes. Hier verlebte Königin Beatrix ihre Studentenzeit (Seite 52)

6 Space-Expo bei Noordwijk
Die große Ausstellung zur europäischen Raumfahrt zieht jährlich mehr als 80 000 Besucher an (Seite 53)

7 Hafen von Rotterdam
Die Größe des Hafens, auch »Tor zum Kontinent« genannt, kann man erst bei einer Rundfahrt im Tragflächenboot ermessen (Seite 55)

8 Maritiem Museum in Rotterdam
Das restaurierte Rammschiff Buffel ist hier zugänglich (Seite 56)

9 Steinmühlen von Schiedam
Die fünf Steinmühlen prägen das historische Stadtbild des ehemaligen Fischerdorfes (Seite 57)

Der Ridderzaal ist das historische Zentrum des Regierungsviertels in Den Haag

die viel befahrene Spuistraat und finden an der rechten Seite den Eingang zur Passage, an deren Ende das bekannte Kaufhaus *Maison de Bonneterie* (**U/D 5**) steht. Dann wendet man sich nach rechts und kommt wieder zum Binnenhof. Dort kann man an einer Führung teilnehmen *(Besucherzentrum Mo bis Sa 10–16 Uhr)*. Den besten Hering gibt's am Heringskarren am Tor zum Buitenhof.

Hinter dem Friedenspalast, *Vredespaleis* (**U/A 2**), erstreckt sich die *Indische Buurt,* das indische Viertel, so genannt, weil hier Kolonialbeamte herrliche Wohnhäuser erbaut haben. Die Straßen heißen Nassaulaan, Laan Copes van Cattenburgh und Surinamestraat. In letzterer steht das Denkmal des Schriftstellers Louis Couperus, der mit seinem Roman »Die stille Kraft« die skrupellose Kolonialpolitik seiner Landsleute angeprangert hat.

Zu Den Haag gehören neben Scheveningen Kijkduin und der Villenvorort Wassenaar. Scheveningen hat sich von einem winzigen Fischerdorf zu einem turbulenten und beliebten Seebad entwickelt. Architektonische Höhepunkte sind der 381 m lange Pier mit Restaurant und Aussichtsturm sowie das Kurhaus.

Das erste Kurhaus wurde 1885 eingeweiht. Es war vor allem bei deutschen Gästen beliebt. Inzwischen gibt es das dritte Kurhaus, es steht unter Denkmalschutz, ist allerdings von Apartmenthäusern zugebaut. Auf dem Boulevard und am Strand findet man zahlreiche Terrassencafés und Strandrestaurants. Scheveningen hat auch einen Fischereihafen. Im Dorf Scheveningen führen die Bewohner ein isoliertes Leben weit ab vom Trubel des Seebades. Rund 100 Fischerfamilien (der Ort hat etwa 20000 Ew.) leben hier noch, aber sie beklagen sich bitter, dass Den Haag »ihr« Scheveningen an die Städteplaner verkauft habe. Große Fischdampfer, die aussehen wie Fischfabriken, stechen von Scheveningen aus in See. Aber es sind vor allem die zahlreichen kleineren Fischerboote, die noch den Reiz des Ortes ausmachen.

BESICHTIGUNGEN

Duinrell **(O)**

Die Fledermausmobile, mit denen man mit einer Geschwindigkeit von 34 km/h über die Dünen fliegen kann, sind eine Attraktion des Freizeitparkes, die lange Wasserrutsche die andere. *Ostern–Ende Okt. tgl. 10–17 Uhr, Eintritt 13 Euro, Kinder 9,50 Euro, Duinrell 1 in Wassenaar, westlich von Den Haag*

Internationales Sandskulpturen-Festival **(O)**

★ Zu Beginn der Sommersaison, im Mai, werden Sandfiguren aus feinem Sand, der aus Brabant herangeschafft wird, von »Sandkünstlern« modelliert. Rund 900 t Sand werden für die bis zu fünf Meter hohen, vergänglichen Skulpturen benötigt, die an dem zwei Kilometer langen Kunstwanderpfad stehen und mit Gittern geschützt sind – aus Angst, aggressive Menschen könnten sie wieder zerstören. *Mai–Juni Scheveningen*

Madurodam **(O)**

Alle bekannten Bauwerke des Landes sind hier im Maßstab 1:25 nachgebaut. Die größte Miniaturlandschaft. *Ende März bis Sept. tgl. 9–20 Uhr, sonst bis 17 Uhr, Eintritt 9,50, Kinder 6,30 Euro, George Maduroplein 1, Scheveningen*

MS Mercur **(O)**

Ein ausgedienter Torpedojäger dient nun als Museumsschiff. Die Brücke sowie die Kajüten, in denen einst 35 Matrosen schliefen, die Kombüsen, in denen Pfannkuchen für die Mannschaft gebacken wurden: Alles ist zu besichtigen. *Tgl. außer Mo 10–17 Uhr, Eintritt 2,30, Kinder 1,30 Euro, Binnenhaven, Scheveningen*

Paleis Noordeinde **(U/C4)**

Im Paleis residiert seit 1980 Königin Beatrix. Das neoklassizistische Schloss wurde 1553 erbaut. Hinter dem Gebäude befindet sich ein weitläufiger Park, der – im Gegensatz zu den Diensträumen der Königin – zugänglich ist.

Holland en miniature im Madurodam: Hier fühlen sich nicht nur Kleine riesig

MUSEEN

Gemeentemuseum **(O)**
Im Gebäude der Amsterdamer Schule ist neben chinesischem Porzellan und venezianischer Glaskunst die umfangreichste Mondrian-Sammlung zu sehen. *Di–Sa 11–17 Uhr, Eintritt 4,50 Euro (MJK), Stadhouderslaan 41, Den Haag*

Mauritshuis **(U/D 4)**
★ In dem klassizistischen Gebäude beim Regierungsviertel ist die königliche Gemäldegalerie mit berühmten Bildern von Vermeer, Rembrandt, Jan Steen, Frans Hals und anderen bekannten Malern des »goldenen Zeitalters« untergebracht. *Di–Sa 10 bis 17, So 11–17 Uhr, Eintritt 6, Kinder 3 Euro (MJK), Korte Vijverberg 8, Den Haag*

Museon **(O)**
Darstellung von Weltall, Erde, Natur und Umwelt. *Di–Fr 10–17, Sa–So 12–17 Uhr, Eintritt 6,30, Kinder 3 Euro (MJK), Stadhouderslaan 41, Den Haag*

Panorama Mesdag **(U/C 3)**
★ Halbrundes Gemälde auf einer Fläche von fast 1700 m², auf dem das Fischerdorf Scheveningen im Jahr 1881 dargestellt ist. Die Künstler: das Ehepaar van Houten Mesdag. *Mo–Sa 10–17, So 12–17 Uhr, Eintritt 3,40, Kinder 2 Euro, Zeestraat 65, Den Haag*

RESTAURANTS

Djawa **(U/D2)**
Indonesisch mit Akzent auf die pikante Küche von Sumatra. Reistafel auch für Vegetarier. *Tgl. ab 18 Uhr, Mallemollen 12a, Tel. 070/363 57 63, €€*

Fouquet **(U/D 2)**
Schickes *eetcafé*, in dem Fisch- und Fleischgerichte serviert werden, z. B. Seeteufel in Krabbensauce. Es gibt auch eine Terrasse und innen Nichtraucherplätze. *Tgl. 17 bis 23 Uhr, Javastraat 31a, Den Haag, Tel. 070/360 62 73, €€€–€€*

't Goude Hooft **(U/C 5)**
Altholländisches Café und Restaurant. *Tgl. geöffnet, Groenmarkt 13, Den Haag, Tel. 070/346 97 13, €€–€*

Paul **(U/D 3)**
Brasserie mit Korbstühlen, gute Küche zu vernünftigen Preisen, auch vegetarisch. *Tgl. geöffnet, Nieuwe Schoolstraat 13d, Den Haag, Tel. 070/365 08 87, €€*

Rederserf **(O)**
★ Wer es lebhaft liebt (120 Plätze) und frischen Fisch mag, geht in dieses luxuriöse Restaurant. Köstlich die Garnelenkroketten, der Lachs allerdings manchmal zu trocken. *Mo–Sa 12–23 Uhr, So nur abends, Schokkersweg 37, Scheveningen, Tel. 070/ 350 50 23, €€€*

Vishandel Simons **(O)**
★ ◎ Ein Begriff in Scheveningen. Man kann im Stehen einen Hering oder eine Krebssuppe essen oder bestellt das Schollenfilet Picasso. *Tgl. 11–19.30 Uhr, Visabslagweg 20, Scheveningen, Tel. 070/350 00 42, €*

EINKAUFEN

Herz des autofreien Einkaufsviertels in Den Haag ist die *Haagse Passage* (**U/D 5**) zwischen Spuistraat und Buitenhof. Der Glaskuppelbau im venezianischen Stil birgt

Boutiquen und Shops. Gegenüber das bekannte Kaufhaus *Maison de Bonneterie,* in dem auch die Königin (nach Ladenschluss) einkauft. Die Gravenstraat führt zum *Groenmarkt,* dem Gemüsemarkt. Die *Paleispromenade,* auch Hoogstraat, führt als elegante Einkaufsstraße (von Antiquitäten bis Kindermode) nach Noordeinde. In der Molenstraat – um die Ecke – Modegeschäfte des gehobenen Geschmacks und natürlich auch Antikläden und Galerien, etwa *Buitenzorg* (Nr. 45) mit einem hübschen Innenhofgarten.

HOTELS

Bel Park **(O)**
Charmantes Badehotel, an dem die Zeit ihre Spuren hinterlassen hat. Alle 12 Zimmer in den zwei Villen sind unterschiedlich eingerichtet. *Belgischplein 38, Scheveningen, Tel. 070/350 50 00, Fax 352 32 42, €€*

Corona **(U/D 4)**
Gegenüber dem Binnenhof, gutes Restaurants und nette Caféterrasse. Die Zimmer sind komfortabel. *26 Zi., Buitenhof 39–42, Den Haag, Tel. 070/363 79 30, Fax 361 57 85, €€€*

Duinoord **(O)**
Gut besuchtes Hotelrestaurant. Royal angehauchte, angenehme Zimmer. Obwohl der Koch es sehr würzig liebt, schmecken die Lammkoteletts mit Honig. *20 Zi., Wassenaarseslag 26, Den Haag, Tel. 070/511 93 32, Fax 511 22 10, €€€–€€*

Duinrell **(O)**
Duinrell ist nicht nur als Freizeitpark mit Riesenwasserrutsche beliebt, sondern auch als Feriendorf mit Campingplatz (694 Standplätze) und 231 gut ausgestatteten Bungalows (1000 Betten) sowie als Herberge für Gruppen bis 120 Personen. Das ganze Jahr geöffnet. *Camping: Tel. 070/515 52 55, Bungalows: Tel. 515 52 65, Fax 515 53 71, €€*

Kurhaus **(O)**
Luxuriöser Nachfolger des bekannten Kurhauses von 1885, viele berühmte Namen stiegen und steigen hier ab. *241 Zi., Gevers Deynootplein 30, Scheveningen, Tel. 070/416 26 36, Fax 416 26 46, €€€*

Parkhotel **(U/C 4)**
Nettes altes Stadthotel mit viel Atmosphäre, 114 moderne Zimmer. *Molenstraat 53, Den Haag, Tel. 070/362 46 21, Fax 361 45 25, €€€*

Seabreeze **(O)**
Familienhotel, nur wenige Schritte zum Strand. *16 Zi., Gevers Deynootweg 23, Scheveningen, Tel. 070/352 41 45, Fax 351 48 30, €€–€*

Strandhotel **(O)**
Einfaches Badehotel in Strandnähe. *20 Zi., Zeekant 111, Scheveningen, Tel. 070/354 01 93, Fax 354 35 58, €*

Jugendherbergen **(O)**
Kijkduin, Monsterseweg 4, und Den Haag, Scheepmakerstraat 27, Tel. 070/315 78 78, Fax 315 78 77

AM ABEND

Die »Den Haag Agenda« gibt eine Übersicht über die laufenden Veranstaltungen.

Casino **(O)**
Wen die Spielleidenschaft überkommt, der kann hier sein Urlaubsgeld aufbessern – oder verlieren. Korrekte Kleidung erforderlich. *Gevers Deynootplein 30, Scheveningen, tgl. bis 2 Uhr, Eintritt 3,40 Euro*

Intenz **(O)**
Zehn Kilometer vom Zentrum entfernt, in Kijkduin, befindet sich die bekannteste Disko mit vier Bars und Platz für 2500 Jugendliche. *Do–Sa 23–5 Uhr, So 20–1 Uhr, Eintritt 4,50–14 Euro*

AUSKUNFT

VVV Den Haag **(U/F 4)**
Koningin Julianaplein 30 (Einkaufszentrum Babylon), Mo–Sa 9–17 Uhr, Tel. 0900/340 35 05, Fax 070/347 21 03 (0,35 Euro pro Min.), www.denhaag.com

VVV Scheveningen **(O)**
Gevers Deynootweg 1134 (Promenade), Mo–Sa 9–17.30 Uhr, Tel. 070/361 88 88

ZIELE IN DER UMGEBUNG

Delft **(125/E 2)**
★ Eine der schönsten Kleinstädte des Landes, eine Mischung aus Dorf und Stadt. Zentrum ist der *Grote Markt* mit *Nieuwe Kerk* und *Stadhuis.* In der Neuen Kirche, im 14. und 15. Jh. erbaut, befindet sich das *Prunkgrab von Willem van Oranje,* ein monumentales Renaissancedenkmal, das für vier Millionen Mark restauriert wurde. In der nicht zugänglichen Gruft sind die meisten Fürsten und Fürstinnen des Hauses Nassau-Oranje beigesetzt. Auffallend der 108 m hohe Turm im Stil der Brabanter Gotik. Das im Renaissancestil errichtete *Rathaus* – dort wird standesgemäß getraut – schließt den weiten Platz ab. Rund um den Markt historische Patrizierhäuser mit altholländischen Giebeln. Hinter dem Rathaus die *Stadtwaage* von 1770, heute Theater.

Die Fayence »Delfter Blau« ist weltbekannt

Berühmt wurde Delft (90 000 Ew.) durch seine Fayencen. In der »Porceleyne Fles« wird die Herstellung dieser Art Keramik demonstriert. Delfts berühmtester Maler ist Jan Vermeer (1632–1675). Seine »Ansicht von Delft« (zu sehen im *Mauritshuis,* Den Haag) zeigt den Blick auf seine Vaterstadt, sein bescheidenes Grab liegt in der *Oude Kerk.* Die Alte Kirche wurde zwischen dem 13. und 15. Jh. erbaut. Schon von weitem fällt der 75 m hohe, schiefe Turm auf. Das *Armentarium* aus dem Jahre 1601 war Waffenkammer der Staaten von Holland und Westfriesland, heute ist dort ein Kriegsmuseum untergebracht *(Di–Sa 10–17, So 12–17 Uhr, Eintritt 2,70 Euro, Eingang Korte Geer 1).* Für einen Stadtrundgang leiht man sich einen

Walkman, über den man – auch auf Deutsch – die historischen Giebel Geschichten über die jeweiligen Häuser, ihre Bewohner etc. erzählen hört. Auskunft über die »sprechenden Giebel« beim *VVV, Markt 85, Tel. 015/212 61 00.*

Italienische Spezialitäten isst man im Sommer am besten auf der Terrasse *Méli-Mélo, Di–Sa 18–22 Uhr, Voorstraat 20, Tel. 015/214 74 80, €€.* Beliebt als Lunchadresse das *Koffyhuis (Mo–Sa 9–19 Uhr, Oude Delft 131, €).* Stilvoll schläft man in dem im historischen Zentrum gelegenen *Museumhotel (51 Zi., Oude Delft, Tel. 015/214 09 30, Fax 214 09 35, €€€–€€).*

Kijkduin **(125/D 1)**
Direkt an der Küste, im Westen von Den Haag, liegt Kijkduin. Hier geht es weniger hektisch und laut zu als im angrenzenden Scheveningen. Unterhalb des Kijkduiner Boulevards erstreckt sich ein breiter Sandstrand. Wanderwege führen durch die Dünen. Im Ferienpark *Kijkduinpark* kann man Holzhütten und Ferienhäuser mieten oder sein Zelt 500 m vom Strand entfernt aufstellen *(Tel. 070/448 21 00, Fax 323 24 57).*

LEIDEN

(120/B–C 5) Die Universitätsstadt (115 000 Ew.) und Heimatstadt des Malers Rembrandt vereinigt alles, was man von einer altholländischen Stadt erwartet: Lebensfreude sowie ein historisches Zentrum mit romantischen Grachten und alten Giebelhäusern. Durch die Innenstadt fließt der Oude Rijn, der der Stadt ihren unverwechselbaren Charakter verleiht. Leiden erhielt 1266 die Stadtrechte, zu Wohlstand kam es durch die Tuchweberei. Aus Leiden kommen berühmte Maler wie Jan Steen und Rembrandt van Rijn. Hier findet man die wohl schönste Gracht des Landes, ★ Rapenburg. Einen Besuch wert ist der bereits im 16. Jh. angelegte Botanische Garten. Bekannt auch das »Lakenfest« im Sommer (2. Juliwoche).

MUSEEN

Lakenhal
Gemäldesammlung des 17. Jhs., *Di–Fr 10–17, Sa/So 12–17 Uhr, Eintritt 3,40 Euro, Oude Singel 17*

Rijksmuseum v. Oudheden
Hier gibt es seltene antiquarische Stücke zu sehen. *Di–Fr 10–17, Sa/So 12–17 Uhr, Eintritt 3,40 Euro, Rapenburg 28*

RESTAURANTS

In der Studentenstadt gibt es eine große Auswahl an *eetcafés,* Cafés und Kneipen in der Innenstadt, etwa *De Dikke Dragoner (Hoge Woerd 16), De Waterlijn (Prinsenkade 5)* oder *De Poort van Leydens,* eine Brasserie mit Terrasse im Stadttor, *tgl. 11–22 Uhr, Haven 100, €€–€.*

Surakarta
Gutes indonesisches Restaurant. *Tgl. 18–23 Uhr, Noordeinde 51–53, Tel. 071/512 35 24, €€*

HOTELS

Doelen
Nettes, kleines Stadthotel. *16 Zi., Rapenburg 2, Tel. 071/512 05 27, Fax 512 84 53, €€*

Nieuw Minerva
Stilvolles Grachtenhaus im Zentrum. Mit beliebtem Café und Restaurant. *16 Zi., Boommarkt, Tel. 071/512 63 58, Fax 514 26 74,* €€

AUSKUNFT

Leiden Promotie VVV
Stationsweg 2d, Tel. 0900/ 222 23 33, Fax 516 12 27, www.leiden.nl

ZIELE IN DER UMGEBUNG

Bollenstreek und Keukenhof (Lisse) **(120/C 4)**
Im Schutz der Dünen blüht im Frühjahr der Blumengarten *Bollenstreek,* und mittendrin steht der *Keukenhof* (»Kökenhof« ausgesprochen). Der größte Freilandgarten der Welt, 1949 eröffnet und 28 ha groß, lockt zwischen März und Mai bis zu eine Million Besucher an. »Sie waren Ausbeuter, die im Morast lebten, selbst den Läusen gönnten sie nichts, aber sie verwandelten ihre Sümpfe in Gärten«, so charakterisierte der französische Kardinal Richelieu die Holländer. Obwohl der erste Teil des Zitats der Vergangenheit angehört, letzteren kann man in diesem Garten bestens nachvollziehen. Jacoba von Bayern, Gräfin von Holland, benutzte den »Bollenstreek« zur Jagd und zum Anbau von Gemüse und Kräutern. Heute blühen hier schätzungsweise sechs Millionen Zwiebelgewächse. Der Wiener Hofbotaniker Carolus Clusius, auch Charles de l'Escluse genannt, pflanzte die ersten Tulpen 1593 in Leiden an. Schweizer und Deutsche kaufen die meisten Tulpen und Tulpenzwiebeln. *Keukenhof (Lisse): letztes Wochenende im März bis zum letzten Mittwoch im Mai tgl. 8–19.30 Uhr, Eintritt 8, Kinderr 4 Euro, Tel. 0252/46 55 55, www.keukenhof.nl, Sonderausstellung 3. Aug.–19. Sept.*

Katwijk aan Zee **(120/B 5)**
Kleiner, adretter und gemütlicher Badeort mit stark christlicher Prägung, in dem keine FKK geduldet wird. Katwijk aan Zee mit ursprünglicher Fischerbevölkerung ist mit dem Ort Katwijk aan de Rijn (40 000 Ew.) zusammengewachsen. Nördlich von Katwijk verhindern heute Schleusen, dass das Meerwasser in den Alten Rheinarm fließt. Hier besonders schön: Dünenwanderungen.

Noordwijk aan Zee **(120/B 4)**
Ein viel und gern besuchtes Seebad. Vor dem Boulevard erstreckt sich der weite, breite, gepflegte Strand, der während der Badesaison regelmäßig gereinigt wird. Das Bad mit traditionell deutschen Besuchern besitzt einen hübschen Dorfkern, *Noordwijk-Binnen,* mit altem Baumbestand. Die Bebauung mit Ferienhäusern und Villen – auch der Bierbrauer Freddy Heineken wohnt hier unterm grünen Dach – ist kunterbunt über die alten Dünen gestreut. Vor allem im Frühjahr, wenn rings um Noordwijk die Blumenfelder blühen, ist der Andrang groß. Nahe der Straße nach Katwijk befindet sich seit 1986 die Anlage des Europäischen Raumforschungszentrums ESTEC, die ★ Space-Expo, die größte ständige Ausstellung für Raumfahrt in Europa. Jährlich wird die Space-Expo von mehr als 80 000 Weltrauminteressierten besucht. Zu besichtigen sind

z.B. die ESA-Satelliten Ulysses und Giotto, Kinder können ein Astronautendiplom erwerben *(Di–So 10–17 Uhr, Eintritt 6, Kinder 3,50 Euro, Tel. 071/364 64 46)*. Ein ruhiges, inmitten der Natur gelegenes Landhotel ist *De Witte Raaf* mit Restaurant *(35 Zi., Duinweg 117–119, Tel. 0252/37 59 84, Fax 37 75 78, €€€–€€)*. Eine stilvolle Villa ist das *Edelman*, alle 27 Zimmer sind anders eingerichtet, teilweise mit Meerblick *(Koningin Astridbld. 48, Tel. 071/361 31 24, Fax 361 07 73, €€€–€€)*, in Strandnähe liegt das *Panorama*, in einer Villa aus dem Jahre 1905 *(10 Zi., Oude Zeeweg 74, Tel. 071/361 29 20, Fax 364 87 73, €€)*. Im Restaurant *Cleyburch*, klassisch gut, gibt es auch Vegetarisches *(tgl. 12–14 und 17–23 Uhr, Herenweg 225, Tel. 071/364 84 48, €€€–€€)*. Im *Thai Tjon* typische thailändische Küche, charmanter Service *(tgl. ab 18 Uhr, Albert Verweijstraat 50, Tel. 071/364 88 88, €€)*. Herrliche Heringe essen Sie am besten bei *Van Duijn, Hoofdstraat-kerkplein.*

ROTTERDAM

(**126/A–B 3**) Der größte Seehafen der Welt hat praktisch zwei Zentren: Delfshaven, das historische Zentrum der Stadt, und den Oude Haven/Leuvehaven an der Maas – ein beliebtes Viertel zum Ausgehen. Rotterdam strahlt mehr städtische und auch internationale Atmosphäre aus als irgendein anderer Ort Hollands. Es gilt als Prototyp einer modernen europäischen Stadt. »Manhattan an der Maas« wurde 1940 von deutschen Flugzeugen bombardiert: 25 000 Wohnungen und Häuser wurden zerstört, etwa 900 Menschen kamen ums Le-

Außergewöhnliche Architektur: die »Baumhäuser« am Oude Haven in Rotterdam

ben und 77 000 wurden obdachlos. In der Nachkriegszeit wurde Rotterdam teilweise völlig neu aufgebaut, die Architektur ist daher moderner als in anderen Städten Hollands.

Zum ersten Mal wurde Rotterdam 1283 erwähnt. 1340 erhielt es die Stadtrechte. Mit der Industrialisierung des Ruhrgebietes erlebte die Hafenstadt, die heute 600 000 Ew. zählt, ein stürmisches Wachstum. In der »Wasserstadt« gehen drei Jahrhunderte nahtlos ineinander über: historische Schiffe und eine futuristische Skyline, Kaufmannshäuser aus dem 18. Jh. und die neue Erasmusbrücke (»Der Schwan« genannt) zwischen Coolsingel und Kop van Zuid am anderen Ufer der Maas. Dort wird zurzeit an einer neuen Stadt gebaut. Die bis zu 150 m hohen Gebäude an der Weena sind die höchsten des Landes. Außergewöhnlich sind auch die 38 *Baumhäuser am* Oude Haven, ihrer architektonischen Form wegen so genannt, die *Büroklammer* (Mietshäuser) im alten Dockerviertel Katendrecht und das *Nederlands Architectuur instituut (NAi)* im Museumspark. Das Museumsviertel umschließt das Dreieck Westersingel, Rochusstraat und Westzeedijk. Die Willemsbrücke, die jährlich mehr als 200 000 Schiffe unterqueren, kann man an den karminroten Pylonen erkennen. Sie trennt den Seehafen von der Flussschifffahrt.

BESICHTIGUNGEN

Blijdorp Zoo

Überdachter Tropenwald, mongolische Steppe, chinesischer Garten, asiatischer Sumpf – in diesem Zoo leben die Tiere in einer ihrer Heimat nachempfundenen Umgebung. *Sommer tgl. 9 bis 18 Uhr, im Winter bis 17 Uhr, Eintritt 10, Kinder 7 Euro, Van Aerssenlaan 49*

Erasmusbrücke

Über diese schwingende Brücke, auch »De Swan« genannt, erreicht man das aufstrebende Szeneviertel Kop von Zuid mit dem *Café Rotterdam,* Yachthafen und dem *Konmar Wereldmarkt* im Entrepotdok.

Hafen

★ Über 42 km erstreckt sich der Hafen bis zur Nordsee. Jährlich gibt es rund 32 000 An- und Abfahrten von Schiffen. Lohnend ist eine Hafenrundfahrt. Dabei sollte man nicht nur auf die touristischen Infos vom Band hören – alles im Hafen ist »historisch, dynamisch und gewaltig« –, sondern sich auf den Hafen selbst konzentrieren. Man kann zwischen dem Tragflächenboot »Flying Dutchman« oder dem »Watertaxi« wählen: Eine schöne Fahrt ist die vom Leuvehaven zum Hotel New York. *Rundfahrten: Spido, Leuvehoofd 5, Tel. 010/ 413 54 00*

Spanse Kade (Spanische Kaje)

Von der Boompjeskade kommt man zum Maasboulevard und von dort zum Oude Haven. Dort sind historische Binnenschiffe festgemacht, in den Straßencafés am Hafen kann man stundenlang sitzen und schauen. Von der Spanischen Kaje führen Stege auf Höfe und in enge Gassen. An der Boompjeskade 715 liegt das *Maastheater,* das allabendlich viele Unternehmungslustige anzieht.

Stadhuis
Im niederländischen Renaissancestil wurde das größte Rathaus des Landes zwischen 1914 und 1920 erbaut. Davor das Denkmal des Begründers des Völkerrechts, Hugo Grotius (1583–1645).

St. Laurenskerk
Am Grote Kerkplein erhebt sich die spätgotische Basilika. Die Grote oder St. Laurenskerk stammt aus dem 15. Jh. und ist das älteste Gebäude der Stadt.

Witte Huis
Über die Baak gelangt man zum Wijnhaven. Dort steht das 45 m hohe Witte Huis, das zur Wende vom 19. ins 20. Jh. der erste europäische Wolkenkratzer war.

MUSEEN

Boijmans Van Beuningen
Sammlung altniederländischer und italienischer, aber auch zeitgenössischer Maler. *Di–Sa 10–17, So 11–17 Uhr, Eintritt 3,40, Kinder 1,,80 Euro (MJK), Museumpark 18–20 Uhr*

Home of History
Museum für Fußballfreunde im Stadion »de Kuip« (Feyenoord-Stadion). Mittelpunkt ist ein Ministadion mit 64 Tribünenplätzen. *Mi, Do 13–17 und Sa 9 bis 17 Uhr, Eintritt 2,30, Kinder 1,10 Euro, Van Zandvlietplein 1*

Maritiem Museum
Geschichte der Seefahrt und des Hafens. Sehenswert das ★ *Museumsschiff Buffel,* ein Rammschiff der niederländischen Marine, das restauriert wurde. *Di–Sa 10–17, So 11–17 Uhr, Eintritt 2,70 Euro (MJK), Leuvehaven 1*

Schielandhuis
Stadtgeschichtliches Museum in einem Haus von 1655. *Di–Fr 10–17, Sa–So 11–17 Uhr, Eintritt 2,70 Euro (MJK), Korte Hoogstraat 31*

RESTAURANTS

Blue Mekong
Bescheidenes thailändisches Restaurant. Bei drei herrlichen Angeboten von Reistafeln hat man die Qual der Wahl. *Mi–Sa ab 18 Uhr, Proveniersstraat 29a, Tel. 010/466 04 39,* €€

De Pappegay
Im Museum des Schielandhauses ist dies eine gute Adresse für einen Mittagsimbiss. *Di–So 10 bis 15 Uhr, Tel. 010/411 72 32, Korte Hoogstraat 31,* €

Zilt Eten & Trinken
Brasserie mit großer Terrasse am Wasser. *Tgl. ab 10 Uhr, Tel. 010/ 290 90 91, Vrij Entreport, Cargadoorskade 107,* €€–€

EINKAUFEN

Die Hauptstraße des Zentrums ist *Coolsingel.* Von dort bummelt man am besten zu den folgenden Punkten: *Lijnbaan,* erste Fußgängerzone Europas, *Plaza,* das überdachte Geschäftszentrum, *Beurstraverse* und zum *Noorderboulevard.* In der *Witte de Withstraat:* Bistros, Cafés, Buchhandlungen und Galerien. Di und Fr ist Markttag bei der St. Laurenskerk.

HOTELS

Delta Hotel
Modernes Haus mit Terrasse am Wasser. Mit Aussicht auf das Panorama des Hafens. *78 Zi., Maas-*

boulevard, Tel. 010/434 54 77, Fax 434 95 25, €€

New York
Stilvoll im ehemaligen Abfertigungsgebäude für Passagierschiffe an der Maas mit 72 komfortablen Zimmern. Restaurant. *Koninginnehoofd 1, Tel. 010/439 05 00, Fax 484 27 01,* €€€–€€

Van Walsun
Ruhig gelegenes Stadthotel, althölländische Atmosphäre. Garten. *27 Zi., Mathenesserlaan 199 bis 201, Tel. 010/436 32 75, Fax 436 44 10,* €

AM ABEND

Ein viel besuchtes Jazz-Café ist *Dizzy's (Gravendijkwal 127),* außerdem sind *Studio 54 (Kruiskade 11), Hallo (Stadhuisplein 43), Baja (Karel Doormanstraat 12)* oder *Royal (Vierhavenstraat 135–137)* beliebte Diskotheken. Das *Maastheater (Boompjes 715)* kann von 1200 Personen besucht werden. Außerdem: Tanz, Podium, Festsaal, Theater, Nachtclub und italienisches Restaurant.

Das größte Filmtheater ist das *Pathé (Schouwburgplein 101).* Filmkunst zeigt *Lantaren (Gouvernestraat 133),* die größte Leinwand des Landes hat das *IMAX Filmtheater (Leuvehaven 77).* Im *Spielcasino (Plaza Complex, Weena 624, tgl. 13.30–2 Uhr)* werden korrekte Kleidung und Pass verlangt.

AUSKUNFT

VVV
Coolsingel 67, Mo–Do und Sa 9–19, Fr 9–21, So 10–17 Uhr, Tel. 0900/403 40 65 (0,25 Euro/Min.) und 010/402 32 00, www.vvv.rotterdam.nl

ZIELE IN DER UMGEBUNG

Biesbosch **(127/D 4–5)**
Das Natur- und Vogelschutzgebiet Biesbosch (Binsenwald), in dem u.a. Biber leben, ist gut mit Rad- und Wanderwegen erschlossen, Gelegenheit zum Segeln und Kanufahren bietet sich auch. Im Biesbosch gibt es außerdem die Möglichkeit, den in dem Gebiet lebenden Bibern beim Bau ihrer Dämme zuzusehen. *Südöstlich von Dordrecht*

Delfshaven **(125/F 3)**
Der heutige Ortsteil von Rotterdam diente im Mittelalter und später als Hafen. Von hier aus starteten die Pilgrim Fathers 1620 nach Amerika. Malerische Speicher im Museum *De Dubbelde Palmboom (Voorhaven 12).*

Hoek van Holland **(125/D 2)**
Fährhafen nach England. Wegen seines Strandes beliebt. Empfehlenswert ist das Grand Café und Restaurant *Sand* mit Terrasse. *Tgl. ab 10 Uhr, Zeekant 125, Tel. 0174/38 25 03,* €€–€

Schiedam **(125/F 3)**
Der Ort, seit 1275 mit Stadtrechten versehen, ist vor allem als Geneverstadt bekannt geworden. Ende des 19. Jhs. zählte das ehemalige Fischerdorf 400 Brennereien. Das historische Stadtbild wird beherrscht von den ★ fünf Steinmühlen, den höchsten der Welt, am *Nieuwe Haven* und *Noordwest.* Getreidemühlen sind *De Drie Koornbloemen* (1770), *De Walvisch* (1794) und *de Vrijheid* (1785); in *De Noord* (1803) ist ein Restaurant, in *De Nieuwe Palmboom* (1781) ein Mühlenmuseum untergebracht, *Noordvest 34.*

RACAL-DECCA
PILOT 1

Hollands sonniger Süden

Das Lieblingsziel vieler Urlauber: schäumende Wellen, feinsandige Strände und Wasser, so weit das Auge reicht

Zeeland, im Mündungsgebiet von Rhein, Maas und Schelde gelegen, zählt seiner weiten Strände und des klaren Wassers in der Oosterschelde wegen zu den beliebtesten Ferienzielen Hollands. Die Meeresprovinz, die auch durch Eindeichungen gewonnen wurde, umfasst das zeeländische Flandern *(Zeeuws Vlaanderen)* mit dem Badeplatz Cadzand, die Inseln bzw. Halbinseln Walcheren, Schouwen-Duiveland, Tholen, Zuid- und Noordbeveland. Auf den Inseln Schouwen-Duiveland (bei Haamstede) und Walcheren (bei Domburg) gibt es bewaldete Dünenstriche. Der Ort Vrouwenpolder auf Walcheren ist ein noch relativ unbekanntes Ziel, während es in und um Renesse in der Sommersaison turbulent zugeht.

Die Idee mit dem Oosterschelde-Stauwerk sei ausgezeichnet gewesen – das meinen die meisten Holländer –, denn nun haben sie nicht nur die Nordsee gebändigt, sondern auch noch eine touristische Attraktion von Weltrang anzubieten. Bei einer Fahrt über Damm und Sturmflutwehr der Oosterschelde kräuselt sich rechts und links das Meer. Die Phantasie ist beim Anblick des Staudammes, der in seiner technischen Einmaligkeit mit dem Bau der Pyramiden verglichen wird, gefordert. Schwer vorstellbar, dass hier mit einem Aufwand von rund 5,5 Milliarden Euro – Planung und Ausführung dauerten fast 30 Jahre – das bislang teuerste und aufwändigste Wasserbauprojekt der Geschichte errichtet worden ist. Am 4. Oktober 1986 um 12 Uhr nahm Königin Beatrix das Hauptflutwehr der Oosterschelde mit einem Knopfdruck in Betrieb. Dank des Dammes gehört die Oosterschelde zu den saubersten Gewässern des Landes und ist ein beliebtes Tauch- und Surfrevier. Außerdem hat sich das Gebiet zum bevorzugten Nistplatz von Wasservögeln entwickelt. Auch die Seehunde fühlen sich wohl. An warmen Sommertagen werden mittlerweile wieder bis zu 60 Tiere gezählt.

Das Flutstauwerk, die »Deltawerke«, schließt mit Dämmen, Wehren, Schleusen sämtliche

Vlissingen mit der Oude Kerk aus dem 14. Jahrhundert

Meeresarme zwischen Brielle und Zierikzee ab und hat aus der ehemaligen Inselrepublik Zeeland eine Halbinsel gemacht. »Gott schuf die Welt, aber wir Holländer machten Holland«: Nirgendwo im Wasserland Holland wird dieser stolze Ausspruch der Niederländer deutlicher bewiesen als in dieser Meeresprovinz.

Zeeland ist auch die Provinz der Freibeuter und Abenteurer, die sich nach Ende des 80-jährigen Krieges gegen Spanien im Jahre 1648 weigerten, den Friedensvertrag von Münster zu unterzeichnen, weil sie die lukrative Piraterie nicht aufgeben wollten. Unter Druck der übrigen Provinzen wurde der Vertrag später unterschrieben.

Zeeland wurde den Grafen von Flandern 1012 durch Heinrich II. (deutscher Kaiser und König von Bayern) zu Lehen gegeben und kam im 14. Jh. an die Grafen von Holland. Während des 80-jährigen Krieges gegen Spanien war Zeeland ein Brückenkopf. Als die Kriegstrommeln schwiegen, waren die Niederlande ein geteiltes Land: Die nördlichen Länder – also auch Zeeland – schlossen sich zur Republik der Vereinigten Niederlande zusammen, die südlichen Länder – das heutige Flandern – kämpften weiter für die Unabhängigkeit. Die Admiralität Hollands richtete durch eine Blockade der Schelde die einst so blühenden, reichen Handelsstädte wie Antwerpen und Gent

MARCO POLO TIPPS FÜR ZEELAND

1 Abtei in Middelburg
Der restaurierte Backsteinkomplex kann auf eine lange Geschichte zurückblicken (Seite 62)

2 Waterland
Dokumentation über das bislang größte Wasserbauprojekt der Welt (Seite 66)

3 Borssele
In dem kleinen Dorf wachsen die meisten der in Holland angebauten schwarzen Johannisbeeren (Seite 66)

4 Zeeuws Vlaanderen
Ein Ausflug durch die Polderlandschaft Flanderns (Seite 67)

5 Het Verdronken Land von Saeftinghe
In Hulst (Flandern) ist das einzigartige Naturschutzgebiet gelegen (Seite 69)

6 Sluis
Trutzig wie im Mittelalter präsentiert sich die Stadt, von der aus man ins gepflegte Flandern reisen kann (Seite 69)

7 Veere
Die über 700 Jahre alte Stadt ist ein Musterbeispiel der Brabanter Gotik (Seite 65)

8 Markt in Goes
Dienstags wird es auf dem historischen Markt lebendig (Seite 64)

zu Grunde; aus dem gemeinsamen Glaubenskrieg gegen die Spanier war ein wirtschaftlicher Bruderkrieg geworden, von dem letztendlich Holland profitierte. Seine reichsten Städte waren damals das inzwischen versunkene Reimerswaal, Middelburg, Veere, Vlissingen und Zierikzee, die ihre historische Atmosphäre bis heute bewahrt haben. Ihre Bewohner kamen durch den Ostseehandel, durch Handel mit Salzheringen und rot gefärbtem Leinen, durch Handel mit Freund und Feind, zu Wohlstand.

An der Seekante Zeelands liegen die Badeorte Haamstede, Renesse, Valkenisse, Hanstede und Domburg mit ihren schönen Sandstränden. In Domburg, dem ältesten Seebad Hollands, gab es bereits 1834 Badekarren, und um die Jahrhundertwende war es sogar Künstlerkolonie. Die abgeriegelten Seearme, Grevelingen und Veerer Gatt, sind heute großartige Wassersportseen. Zeeland hat sich etwas bewahrt, was im übrigen Holland seltener geworden ist: freie Landschaft bis zum Horizont.

Um dem stets anspruchsvoller werdenden Gast noch mehr bieten zu können als Wasser, Dünen und Strand, sollen die Badeorte jetzt ein eigenes Gesicht erhalten. Das kulturelle Angebot wird erhöht und das Hinterland für den Urlauber erschlossen. Ein ehrgeiziges Programm ist beispielsweise »Zeeland hinter Deich und Dünen«: Mit dem Fahrrad, der Kutsche oder dem Bus kann man alte, restaurierte Bauernhöfe und Mühlen besuchen oder Fortanlagen wie Rammekes (Schelde). Besonders vielseitig ist das Angebot für Wassersportler: Windsurfen und Schnorcheln, Tauchen und Segeln sowie der Angelsport.

Aus Gründen des Umweltschutzes und der Hygiene ist das Zelten außerhalb von Campingplätzen nicht gestattet.

MIDDELBURG

(128/B 3) Middelburg, die Hauptstadt Zeelands (41 000 Ew.), war während Hollands »Goldenem Zeitalter«, dem 17. Jh., neben Amsterdam die reichste Stadt des Landes. Handel auf der Ostsee, aber auch Sklavenhandel, Kaperfahrt und Piraterie waren ihre Einnahmequellen. Der Wohlstand spiegelt sich in den Herrenhäusern jener Zeit. Die europäische Denkmalstadt überrascht durch stille Gassen an den Grachten, durch herrliche Profan- und Sakralbauten. Ein Stadtspaziergang führt über den Damplein zum Dam mit Speicherhäusern und zum einzigen Stadttor, dem Koepoort. Reizvoll ist auch der Weg durch die ehemaligen

Abtei von Middelburg

Wehranlagen. Im 16. Jh. war Middelburg einer der wichtigsten Sitze der Vereinigten Ostindischen Kompanie. 1940 brannte die mit Grachten durchzogene Stadt nach einem deutschen Luftangriff ab. In der Folgezeit wurde sie in beispielhafter Weise rekonstruiert. Stadtführungen werden täglich vom Verkehrsamt angeboten.

BESICHTIGUNGEN

Abtei (Onze Lieve Vrouwe Abdij)

★ Der Backsteinkomplex aus dem 12. Jh. wurde während des Zweiten Weltkrieges total zerstört. Im spätgotischen Stil wieder aufgebaut, wird das Kloster heute wie eh und je vom 85 m hohen, achteckigen Turm »Lange Jan« überragt, sodass man sich heute wieder ins Mittelalter zurückversetzt fühlen kann. In der Abtei befindet sich auch das *Zeeuws Museum,* u. a. mit seltenen Gobelins. *Mo–Sa 11–17, So 12 bis 17 Uhr (MJK). Lange Jan: Glockenspielkonzert jeden Do 12–13 Uhr, Mai–Sept. auch Sa 11–12 Uhr*

Miniatur Walcheren

Unweit des Marktplatzes wurde die Insel Walcheren mit rund 200 Bauwerken im Maßstab 1:20 aufgebaut. *April–Okt. tgl. 10–17 Uhr, Eintritt 5 Euro, Molenwater 1*

Stadhuis

Das Rathaus wurde von der flämischen Architektenfamilie Kelderman 1452–1458 erbaut und erinnert an das von Brüssel. Es gilt als der schönste Profanbau des Landes. Die Fassade schmücken die 25 Grafen und Gräfinnen von Zeeland; im Innern der prächtige Bürgersaal. *(Führungen: 1. April–3. Nov. Mo–Sa 10–17 Uhr).* Während eines Luftangriffes im Zweiten Weltkrieg brannte auch das Stadhuis ab, wurde aber später wieder aufgebaut. Sehenswerter Markt am Do und Sa, Trödel- und Antikmarkt 1. Sa im Monat.

MUSEEN

Zeeuws Museum

Im Gästequartier der ehemaligen Norbertijnenabtei wird anhand von Exponaten die Geschichte der einst so reichen Handelsstadt nacherzählt. In Qualität und Quantität überwältigend ist die Sammlung von Wandteppichen, deren Muster den Kampf gegen die Spanier zum Thema haben. *Mo–Sa 11–17, So 12–17 Uhr, Eintritt 4 Euro (MJK), Korte Burg 2, Abdij*

RESTAURANTS

De Eetkamer

Brasserie in historischer Umgebung. Hier wird hervorragend und würzig gekocht. *Sa–Mo mittags geschl., Tel. 0118/63 56 76, Wagenaarstraat 13–15, €€€–€€*

Surabaya

Eine gute Adresse, um die indonesische Küche zu probieren. *Di–So 17–21.30 Uhr, Tel. 0118/ 63 59 14, Stationsstraat 20, €*

HOTELS

Grandhotel du Commerce

Stilvolles Stadthotel mit Plüsch. *25 Zi., Loskade 1, Tel. 0118/63 60 51, Fax 62 64 00, €€*

De Nieuwe Doelen

Komforthotel nahe dem Bahnhof mit Restaurant, Garten und

gemütlicher Bar. *27 Zi., Loskade 3–7, Tel. 0118/61 21 21, Fax 62 64 00, €€–€*

VERANSTALTUNG

Kulturherbst Zeeland
Der September steht im Zeichen des »Spätsommer-Festivals«. Das kulturelle Großereignis mit Konzerten, Theater und Ausstellungen findet in historischer Umgebung statt. *Zeeland Festival, Postbus 123, 4330 AC Middelburg. Tel. 0118/68 82 22 oder 65 99 99*

AUSKUNFT

VVV
Touristinformation für ganz Zeeland. *4330 AC Middelburg, Postfach 123, Tel. 0118/65 99 65, Fax 65 99 66 (Reservierung und Information), www.zeelandnet.nl/toerist, Gebühr für Reservierungen (Hotelzimmer und Campingplätze) 7–14 Euro*

ZIELE IN DER UMGEBUNG

Brouwershaven **(129/D 1)**
Das Hafenstädtchen auf Schouwen-Duiveland gehört zu den beliebten Wassersportorten Zeelands. Im gesamten Gebiet des Grevelingen-Meeres kann man Segelboote mieten. Das Sumpfgebiet von Flakee ist Brutgebiet für Wasservögel. Sehenswert die Hallenkirche und das Renaissancerathaus von 1599. Am Brouwersdam liegt die Ferienanlage *Port Greve (ca. 80 Bungalows auf 40 ha, Heernisweg 1, Tel. 0111/69 18 55, Fax 69 20 63, Wochenpreis für 4 Pers. 150–850 Euro je nach Saison)*. Das Süßwassermeer Grevelingen ist als Angelrevier bekannt. *Auskunft: VVV Brouwershaven, Markt 2, Tel. 0111/69 19 40*

Domburg **(128/A–B 3)**
Hollands ältestes Seebad zog um die Jahrhundertwende Maler wie Piet Mondrian an; Kaiserin Sissi von Österreich und wohlhabende Bürger fanden sich hier zur Kur ein. Heute ist Domburg bodenständiger, und der einst luxuriöse »Badepavillon« mit seinen Schnörkeltürmchen steht verfallen auf den Dünen überm Meer. Dem Ort halten in erster Linie deutschsprachige Besucher die Treue. Ohne sie, so heißt es, hätte man Domburg längst schließen können. Eine Wanderroute führt von Domburg nach Oostkapelle durch den Wald. Das *Badhotel Domburg,* ein moderner Hotelkomplex, verfügt über 116 helle und geräumige Zimmer, ein Beauty Center und ein eher mittelmäßiges Restaurant *(Domburgseweg 1a, Tel. 0118/58 88 88, Fax 58 88 99, €€€)*. Umgeben von einem Garten ist das 150 Jahre alte Landhaus *Green White:* schöne große Zimmer, angenehm jene im Obergeschoss *(21 Zi., Ipenoord, Noordweg 43, Tel. 0118/59 12 23, Fax 59 32 81, €€)*.

Ein hübsches, einfaches Badehotel ist das *Nehalennia,* einige Zimmer haben einen Balkon *(12 Zi., Badstraat 17, Tel. 0118/58 15 52, Fax 58 35 53, €)*. Die *Villa Magnolia* ist ein schönes Haus aus dem Jahre 1911, idyllisch und ruhig gelegen mit geschmackvoll eingerichteten Zimmern *(15 Zi., Oostkapelle, Oude Domburgseweg 20, Tel. 0118/58 19 80, €€)*.

Das ehemalige Kloster und Schloss aus dem 13. Jh., *Kastell Westhove,* ist die wahrscheinlich schönste Jugendherberge des Landes. Parkanlage mit Orangerie. Zimmer für 4 bis 16 Personen *(Duinvlietweg 8, Tel. 0118/ 58 12 54, Fax 58 33 42).*

Goes **(129/D 3)**
Beschauliche Kleinstadt (25 000 Ew.) und Wirtschaftszentrum der ehemaligen Insel Südbeveland. Früher residierte in der Stadt Jacoba von Bayern, Gräfin von Holland (1401–1436). Sehenswert der historische *Marktplatz,* vor allem am Dienstag, wenn ★ Wochenmarkt ist. Dann nämlich kommen viele Einheimische in ihren Trachten zum Einkaufen und Verkaufen. Interessant auch das gotische *Rathaus,* das *Gotische Haus* in der Turfkade, die turmlose *Kreuzbasilika* im Stil der Brabanter Gotik. Im ehemaligen Waisenhaus (15. Jh.) befindet sich das *Museum für Zuid- en Noord-Beveland (Di–Fr 10–17, Sa 13–16 Uhr, Eintritt 1,60 Euro, Singelstraat 13).* Im Restaurant *Bon Vivant* gibt es Muscheln und Fisch (*Di–So 12–23 Uhr, Dam 2, Tel. 0113/ 23 00 66, €€€–€€). La Dolce Vita (Di–So 18–23 Uhr, Piet Heinstraat 3a, Tel. 0113/22 13 39, €€€)* bietet auch eine gute zeeländische Küche. Die köstlichen schwarzen Johannisbeerpralinen ersteht man am besten bei *Caringe (Van Galenstraat 21).*

Haamstede **(128/C 1)**
Zwischen Renesse und Haamstede auf der Insel Schouwen-Duiveland erstreckt sich ein breiter Dünengürtel (*Het Zeepe* und *Verklikkerduinen*) mit dem bekannten Badestrand *Kop van Schouwen* – breitester Nordseestrand von Zeeland. Burgh Haamstede und das benachbarte Renesse zählen daher zu den beliebtesten Urlaubszielen in der Meeresprovinz. *Het Zeepe* ist eine 337 ha große Natur- und Wanderzone. *Burgh Haamstede* aus dem 13. Jh. kann besichtigt werden *(Mitte Juni–Sept., Information und Karten beim VVV, Middelburg).* Für die Übernachtung bietet sich *De Torenhoeve* an, ein ehemaliger Bauernhof, nicht weit vom Meer entfernt und ruhig gelegen *(12 Zi., Torenweg 38, Tel. 0111/ 65 35 10, Fax 65 13 23, €€).*

Oostkapelle **(128/B 2–3)**
Zwischen Oostkapelle und Veersegatdam, der nach Neeltje Jans führt, finden Sie ein ausgedehntes Dünengebiet vor. Diese Gegend zählt zu den beliebtesten Badezielen dank des breiten Sandstrandes. Schöner Dorfkern. Im Mittelalter war Oostkapelle Sommersitz der Äbte.

Oosterschelde

Von den 5,5 Milliarden Euro, die hier zum Schutz des Hinterlandes ausgegeben wurden, ist fast nichts zu sehen, und doch gelten die Deltawerke als das kühnste, gewaltigste und kostspieligste Wasserbauprojekt der Welt. Die Bauarbeiten dauerten fast 30 Jahre. Vom Kosten-Nutzen-Faktor aus gesehen, darf das Sperrwerk in den kommenden 200 Jahren nicht kaputtgehen. Um Flora und Fauna in der Oosterschelde nicht zu schädigen, wurden Sturmflutwehre in die Dämme eingebaut: 65 Pfeiler, jeder von ihnen 40 Meter hoch. Von den Türmen ist nur wenig zu sehen – fast alles steht unter Wasser.

Dünen, Sonne und Meer: Der Strand bei Haamstede ist eines der beliebtesten Urlaubsziele in Zeeland

Renesse **(128/C 1)**
Mit mehr als drei Millionen Übernachtungen pro Jahr ist West-Schouwen mit Renesse und Burgh Haamstede nach Amsterdam der meistbesuchte Ort Hollands. Hierher kommen vor allem Familien mit Kindern, junge Leute und eine treue deutsche Stammkundschaft im Sommer. An lauen Abenden verwandelt sich der Platz rund um die St. Jacobskerk zum lauten geselligen Treffpunkt. Um die Autos aus dem Dorf zu verbannen, wurde das *Recreatie-Transferium* in Betrieb genommen: ein Parkplatz für 900 Pkw. Von dort aus kann man mit einem elektrischen Shuttle, auf Leihrädern oder in kleinen Zügen mit Disneymotiven zum Strand und in die Dünen fahren. Parken und Transport sind zum großen Teil kostenlos. Nette Stewards geben bereitwillig Auskünfte. Das Transferium ist der erste Schritt, um die Ferienlandschaft von Autos frei zu halten, damit die Natur und die Polderlandschaft bewahrt bleiben.

Lohnend ist ein Ausflug zum *Schloss Moermond* (12. Jh.), mehrmals zerstört und wieder aufgebaut *(Mitte Juni–Aug., Sa und Do, Informationen beim VVV, Middelburg)*. Im *Delta-Hotel* am Dorfrand herrscht eine familiäre Atmosphäre *(46 Zi., Hoogenboomlaan 5, Tel. 0111/46 25 10, Fax 46 25 69, €€)*. Das *Hotel Orangerie* beim Schloss Moermond ist recht ruhig gelegen *(nur Ostern, Pfingsten, Juli und Aug. geöffnet, 44 Zi., Slot Moermond, Tel. 0111/46 17 88, Fax 46 17 54, €€)*.

Veere **(128/C 3)**
★ Mit seinem zierlichen Rathaus, 1470 im Stil der Brabanter Gotik erbaut, der unvollendeten, mächtigen spätgotischen Liebfrauenkirche aus dem 13. Jh. und einigen Bürgerhäusern gehört diese zeeländische Stadt zu den schönsten Orten, in denen der Architekturstil der niederländischen Gotik erhalten geblieben ist. 1996 feierte Veere (450 Ew.) sein 700-jähriges Stadtjubiläum. An die Blütezeit von Veere erinnern auch die gepflegten, alten Bürgerhäuser und am Kaai Nr. 25–27 die *schotse huizen* »Het Lammetje« und »De Struys«, einst Lagerhäuser der schottischen Wollhändler. In dem Teil der alten Stadtmauer, der erhalten geblieben ist, steht noch die

ehemalige Stadtherberge *Campveerse Turm*. Aus dem früheren Fischereihafen entwickelte sich ein belebter Yachthafen. Im Rathaus befindet sich die *Oude vierschaa*, das frühere Gericht *(Juni–Sept. Mo–Sa 12–17 Uhr)*.

Von Veere aus bieten sich Radtouren über die Halbinsel Walcheren nach Vrouwenpolder und Serooskerke an. Die dortige Mühle ist zu besichtigen. Im Restaurant *d'Ourve Werf* kann man dem Trubel des Touristenortes von der Terrasse aus zuschauen *(Bastion 2, Di–So 12–18 Uhr, Tel. 0118/50 14 93, €)*.

Vlissingen **(128/B 4)**

Ein mondäner Badeort der europäischen *beau monde* wie Zandvoort oder Domburg ist Vlissingen nie gewesen. Aber es hat den einzigen und schönsten Boulevard Hollands direkt an der See mit vorgelagertem Sandstrand und dem wuchtigen *Gevangentoren*, dem Rest des alten Stadttores von 1563.

Die seit dem Mittelalter befestigte Hafenstadt (45 000 Ew.) an der vier Kilometer breiten Scheldemündung ist Ausgangspunkt der Fähren nach Breskens in Zeeuws Vlaanderen. Auf der Reede liegen stets zahlreiche Schiffe. Die Stadt ist Geburtsort des berühmten Admirals Michiel Adriaenszoon de Ruyter (1607 bis 1676), der Holland im dritten Krieg gegen England vor einer Niederlage bewahrte. Sein Standbild steht an der Rotunde. Die *Oude Kerk* (14. Jh.) erhebt sich am Oude Markt, an der Houtkade steht das *Rathaus* von 1733. Im Zweiten Weltkrieg wurde der Ort zerstört, noch immer sind Teile des deutschen Atlantikwalls sichtbar: verziert mit Graffiti und Worten wie »Zimmer frei«, die, obwohl die Stadtverwaltung sie immer wieder entfernen lässt, aufs Neue geschrieben werden.

Giebelhäuser aus dem 16. und 17. Jh. stehen am Oude Mark, die *Alte Börse* am Beursplein. Das maritime Erlebniszentrum erstreckt sich rund um *Het Arsenaal* mit Unterwasserwelt, Cafés, Restaurants und einem Aussichtsturm *(Arsenaalplein, April–Sept. tgl. 11–20, Okt.–März Di–So 11–18 Uhr)*. Einen Besuch wert ist das kleine Dorf ★ *Borssele*, das nach dem goldenen Schnitt angelegt wurde. 75 Prozent aller schwarzen Johannisbeeren Hollands wachsen hier.

Im alten Fischereihafen ist das *Stedelijk Museum* zu finden: Schiffsmodelle, Karten und Meeresexponate *(Mo–Fr 10–17, Sa–So 13–17 Uhr, Bellamypark 19, 1,60 Euro, MJK)*. Familien finden im Hotel *Zeeduin* Quartier, das im Erholungsgebiet gelegen ist *(56 Zi., Koudehoek, Dishoek 22, Tel. 0118/55 12 66, Fax 55 30 06, €€)*. Im Zentrum das *Boshotel* im Art-nouveau-Stil *(34 Zi., Spuistraat 59–64, Tel. 0118/41 33 03, Fax 41 14 40, €)*. Vom Fährhafen Vlissingen fahren regelmäßig Fähren nach Breskens in Zeeuws Vlaanderen. Keine Reservierungen möglich: In der Hochsaison muss mit Wartezeiten gerechnet werden.

Waterland Neeltje Jans **(128/C 2)**

★ 🚸 Auf der künstlichen Insel Neeltje Jans befindet sich die Waterland Expo, eine Ausstellung zum wohl kühnsten Wasserbauprojekt der Welt: dem Deltaprojekt zum Schutz vor Sturmfluten und Überschwemmungen, von dem der Ooster-

Die 65 Tore des Oosterscheldedamms schützen das Land vor Flutkatastrophen

scheldedamm ein Teil ist. Der Oosterscheldedamm schließt sich bei hohem Wasserstand (ab 3 m über normal) und schützt vor Hochwasser bis zu 5,8 m über normal. Bei einer Bootsfahrt kann man Einblick in die Funktionsweise einer Schleuse gewinnen *(im Sommer tgl. 10–17.30 Uhr, Nov. bis März Mo, Di geschl., Eintritt 10 Euro, incl. Bootstour).*

Yerseke **(129/E 3)**

Das Dorf der Muschelbauern und Austernbarone ist bekannt für seine Fischrestaurants: beispielsweise *Nolet (Di–So 12–15 und 18–22 Uhr, Lepelstraat 7, Tel. 0113/57 13 09, €€)* und das *Nolet's Vistro:* Zum Standardrepertoire zählen auch hier Fisch- und Muschelgerichte *(tgl. 12–15.30 und 17.30–21.30 Uhr, Burgemeester Sinkelaan 6, Tel. 0113/57 21 01, €€).*

Zierikzee **(129/D 2)**

Wie wohlhabend Zierikzee einst war, vermitteln das Rathaus mit dem hölzernen, verschnörkelten Glockenturm und der unvollendete, 60 m hohe Sint-Lievens-Monsterturm. Eigentlich sollte der *Sint Lievens Monstertoren* 206 m hoch werden. Aber während des Baus ging der Stadt das Geld aus. Die wichtigsten Denkmäler in der kleinen, verträumten Stadt: *Noord- und Zuiderpoort,* Stadttore aus dem 14. und 15. Jh., das gotische *Burgerwees huis,* der *Vismarkt.* Im Gravensteen, dem ehemaligen Stadtgefängnis aus dem 16. Jh., ist nun das *Schifffahrtsmuseum* untergebracht. *(April–Okt. Mo–Sa 10–17, So 12–17 Uhr, Mol 25, Eintritt 1,80 Euro, MJK)*

Das *Schuddebeurs* ist ein romantisch gelegenes Hotel mit gemütlichem Restaurant; französische Küche *(24 Zi., Donkereweg 35, Tel. 0111/41 56 51, Fax 41 31 03, €€€ bis €€).*

ZEEUWS VLAANDEREN

★ Am anderen Ufer der Schelde und angrenzend an Flandern liegt die fruchtbare Polderlandschaft Zeeuws Vlaanderen. Den flämischen Teil Hollands erreicht man mit der Fähre von Vlissingen nach Breskens, oder man reist durch Belgien an. Im südlichsten Teil der Niederlande ist es wesentlich ruhiger, aber lebensfroher als im Rest von Zeeland. Dieser Landstrich mit seinem elf Kilometer langen Nordseestrand ist ein einziges Idyll mit mehreren Naturschutzgebieten – De Zwarte Polder, Het Verdronken Land van Saeftinghe, Het Zwin –, die jeden Naturfreund ins Schwärmen bringen. Durch die Landschaft führen Radwanderwege, Fahrräder *(fietsen)* kann man in allen Orten mieten. Auf dem Rad passiert man Windmühlen, folgt verträumten Kanälen oder lässt sich an der Küste den Wind um die Nase wehen. Das Hinterland von Brügge, Gent und der belgischen Küste (siehe auch MARCO POLO Flandern) ist mit den Orten Sluis, Hulst und Aardenburg vor allem kulturhistorisch interessant. Terneuzen ist der drittgrößte Hafen der Niederlande.

VVV *(Bld. de Wielingen 44d, NL-4506 JK Cadzand-Bad, Tel. 0117/39 12 98, Fax 39 25 60)* sowie Toeristisch *VVV (Postfach 1166, NL-4530 GD-Terneuzen, Tel. 0115/62 10 22, Fax 61 62 69)*

ZIELE IN ZEEUWS VLAANDEREN

Aardenburg (128/A 6)

Wer mit der Kutsche durch die älteste Stadt Zeelands rollt, kann sich plötzlich vorstellen, warum die meisten Reisenden, die Zeeuws Vlaanderen besucht haben, begeistert sind. In dem Ort, den schon die Römer kannten und der im Mittelalter von Scharen von Pilgern aufgesucht wurde, scheint die Zeit im 17. Jh. stehen geblieben zu sein. Reste der alten Stadtmauer sind noch erhalten. Für Liebhaber: Schneckenzüchterei, Verkauf und Gaststätte *In den Wijngaard (Smedekensbrugge 34, Tel. 0117/49 12 36, tgl. 9–18 Uhr, €€). (Kutschfahrten nur im Juli und Aug.)*

Breskens (128/B 5)

Der Fährhafen nach Vlissingen wäre nicht weiter nennenswert, könnte man nicht von seinen Dünen auf Panoramawegen die Schiffe von und nach Antwerpen bestaunen. Für Segler: Der Yachthafen bietet 600 Booten Platz.

Cadzand (128/A 5)

Der familiäre Ferienort besteht aus Cadzand-Bad und Cadzand-Dorp, in dem einige alte Gebäude und die frühgotische Kirche auf eine lange Geschichte verweisen. Das schönste an Cadzand ist der Strand, an dem man mit etwas Glück noch schwarze, prähistorische Haifischzähne finden kann. Guter Ausgangspunkt für Radtouren. *De Blanke Top* ist ein Vorzeigehotel in den Dünen mit Restaurant *(27 Zi., Bld. de Wielingen 1, Tel. 0117/39 20 40, Fax 39 14 27, €€€).*

Das *Strandhotel* liegt auf einem Dünenkamm. Es ist modern und zweckmäßig eingerichtet, Zimmer teilweise mit Blick zur See. Eigenes Hallenbad und Restaurant *(37 Zi., Bld. de Wielingen 49, Tel. 0117/39 21 10, Fax 39 15 35, €€, www.zeelandnet.nl/strandhotel).* Im Hotel Nordzee finden Sie das von Dünen umgebene, angenehme Restaurant *De Duin* mit Terrasse *(Nordzeestraat 2, Tel. 0117/39 18 10, €€).*

Hulst **(129/E 6)**
Die Festungs- und Handelsstadt (19 000 Ew.) wird von einem 3,5 km langen Stadtwall mit vier Stadttoren umschlossen. Die wuchtige Willibrordus-Basilika im Stil der Brabanter Gotik beherrscht das Stadtbild. Und das 3500 ha große ★ Het Verdronken Land van Saeftinghe ist als Brackwasser-Naturschutzgebiet einmalig in Europa, aber nur vom Deich aus oder mit einer Führung zu besichtigen *(Auskunft: VVV)*. Das Mühlenbollwerk *De Stadsmolen* kann nach Absprache besucht werden *(Tel. 0114/69 04 72)*. Das nächstgelegene komfortable Stadthotel ist das *Churchill* in Terneuzen *(49 Zi., Churchillaan 700, Terneuzen, Tel. 0115/62 11 20, Fax 69 73 93, €€)*.

Sluis **(128/A 6)**
★ Diese geschichtsträchtige Festungsstadt war einst der Vorhafen von Brügge. Sluis, während des Zweiten Weltkrieges zu 80 Prozent zerstört und nun vollkommen restauriert, besitzt als einzige niederländische Stadt einen *belfort,* einen Stadtturm mit vier Ecktürmchen. Das angrenzende *Rathaus* kann während der Sommersaison täglich zwischen 10 und 12 bzw. 13 und 17 Uhr besichtigt werden. In den Restaurants der Stadt kann man hervorragend flämisch essen. Das beste Haus am Platz: *Oud Sluis,* die Spezialitäten sind Fischgerichte *(Do und Fr geschl., Beestenmarkt 2, Tel. 0117/46 12 69, €€€)*. Empfehlenswert auch die Taverne *Lindenhoeve (Beesten Markt 4, Tel. 0117/46 18 10, €€)* sowie *De Schaapskooi (Zuiderbruggeweg 23, Tel. 0117/49 16 00, €€)*.

Direkt an der belgischen Grenze liegt *St. Anna ter Muiden,* ein kleines Bauerndorf mit einem mächtigen Kirchturm aus Backstein, der im Mittelalter errichtet wurde. Auf dem Landweg gelangt man in das einsame und großartige Naturschutzgebiet *Het Zwin* an der flämischen Nordseeküste.

Der Dorfkern des Bauerndorfes St. Anna ter Muiden steht unter Denkmalschutz

Zwischen Nordsee und Wattenmeer

So verschieden sie auch sein mögen, eines haben sie gemein: die feinsten und schönsten Sandstrände Europas

Die fünf westfriesischen Inseln haben einen gemeinsamen Charakterzug: lange Sandstrände an der Nordsee und Deiche auf der Wattseite. Aber natürlich hat auch jede der Inseln ihren eigenen Charakter. Weniger in der Topografie als in der Lebensart ihrer Bewohner. Die Temperaturen sind auf allen Inseln angenehm, die Niederschläge wohldosiert.

Das Eiland Texel, das nicht wie die anderen zu Friesland gehört, sondern zu Nordholland, ist ein Ort für jeden Geschmack. Die wohl lebhafteste der fünf Inseln zählt die meisten Gäste, ist aber nicht nur, wie die anderen, ausschließlich vom Tourismus abhängig. Es wird noch Landwirtschaft und Schafzucht betrieben.

Das autofreie Vlieland ist beschaulich und landschaftlich hübsch anzusehen mit den langen, einsamen Stränden, hat aber den Nachteil, militärisches Übungsgelände für Tiefflieger zu sein. Terschelling lockt mit landschaftlicher Vielfalt, ist bevorzugtes Sommerziel für Jugendliche und hat am Ostende ein wunderschönes Naturschutzgebiet. Ameland weist ebenfalls lange Strände und schöne Naturgebiete auf. Als Familieninsel ist es wie Texel bei deutschsprachigen Gästen besonders beliebt. Schiermonnikoog schließlich lockt mit Ruhe und viel unberührter Natur. Es ist die einzige Insel, die als Nationalpark ausgewiesen ist und wirbt zu Recht damit, den breitesten Sandstrand Europas zu haben.

Die landschaftlichen Schönheiten können indes nicht darüber hinwegtäuschen, dass es auch Schattenseiten gibt. Der starke Trend zum Inselurlaub bereitet den Bewohnern und Naturfreunden große Sorgen; zu viele Menschen auf zu kleinem Raum zerstören das, was die Eilande so attraktiv macht: Natur, Ruhe und Einsamkeit. Inzwischen herrscht während der Saison ein so großer Andrang, dass man die Zahl der Bungalowdörfer und Apartments beschränken will. Es soll nicht mehr für den Sommer, sondern nur für das

Feinsandige Strände: Markenzeichen der »Perlen im Wattenmeer«

Frühjahr, den Herbst und den Winter geworben werden. Viele Gäste haben mittlerweile die »Nebensaison« entdeckt, die nicht nur preiswert, sondern auch ruhiger ist.

★ Inselhüpfen bietet sich an. Die Entfernungen zwischen den Inseln sind nicht groß, allerdings müssen Sie wegen der Tiden ein bisschen Zeit mitbringen, wenn Sie von Texel via Vlieland nach Terschelling oder Ameland mit dem Boot reisen. Ein Drei- und ein Fünf-Insel-Arrangement werden angeboten *(11 Tage ab 630 Euro, inkl. Übernachtung mit Frühstück und Transfers).*

Internetinformationen für alle Inseln: *www.vvv-wadden.nl*

AMELAND

(**113/D–F 1**) Die Insel Ameland eignet sich mit ihren zahlreichen, gut ausgebauten Radwegen (in regelmäßigen Abständen hängen *Fietspompen,* Fahrradpumpen, am Wege) besonders gut zum Radeln. Beliebt ist sie bei Jugendlichen und Familien, die hier ihre Schulferien verleben. Der öffentliche Inselnahverkehr ist gut geregelt, auf die Benutzung eines Wagens kann man daher verzichten.

Ameland ist neben Texel – wohl weil sie ihr Auto mitbringen können und der schönen Strände wegen – die bei Deutschen beliebteste holländische Insel. Auch im Winter kommen Urlauber gerne hierher, um sich den Wind um die Ohren blasen zu lassen.

Es heißt, der Pfarrer Edmund Jannsen aus Kleve hätte die Insel für den Tourismus entdeckt. Er war es, der nach dem Zweiten Weltkrieg blasse Stadtkinder zur Sommerfrische ins Ferienlager

MARCO POLO TIPPS FÜR DIE INSELN

1 Inselhüpfen
Mit dem Boot übers Wattenmeer von Insel zu Insel (Seite 72)

2 Ballum auf Ameland
Fast wie eine Puppenstubenwelt wirkt der wohl schönste Ort der Insel (Seite 73)

3 t'Behouden Huys
Schönes Inselmuseum im alten Kapitänshaus auf Vlieland (Seite 81)

4 De Boschplaat
Vogel- und andere Naturliebhaber werden ihre wahre Freude an diesem Naturschutzgebiet haben (Seite 81)

5 EcoMare
Asyl für kranke Seevögel und vereinsamte Seehunde sowie Ausgangspunkt für Dünenwanderungen auf Texel (Seite 84)

6 Strand-Express
Treckertour über den breitesten Sandstrand Europas (Seite 79)

7 Vliehors auf Vlieland
Die »Sahara« des Nordens: weit und einsam (Seite 89)

nach Ameland schickte. Inzwischen kommen deren Kinder und Enkelkinder. Deutsche, die schon an die hundert Mal ihren Urlaub auf Ameland verbracht haben, sind keine Seltenheit. Schließlich ist man hier unter sich, und die Ameländer, die vom Tourismus leben, danken es den deutschen Gästen, indem sie besonders nett zu ihnen sind.

Obwohl die Insel – der größte Teil des fast 6000 ha großen Eilandes ist Naturschutzgebiet – nur etwa 3200 ständige Bewohner zählt, bietet sie ihren Gästen weit mehr als gleich große Gemeinden auf dem Festland. Bis zu 24 000 Feriengäste – vor allem auf Campingplätzen, in Gruppenunterkünften und Feriendörfern – finden Platz. Auf sie und die Tagesbesucher ist die Infrastruktur, Gastronomie und Geschäftswelt ausgerichtet. Zwar wurden mit vereinzelten Badehotels einige große Bausünden begangen, aber inzwischen sind die Bauauflagen zu Gunsten kleinerer Häuser verändert worden. In den Dörfern Amelands ist mehr historische Substanz erhalten als auf den anderen großen Inseln. Weitgehend von Kriegen verschont geblieben und reich geworden durch den Walfang, erlebte Ameland im 17. Jh. seine wirtschaftliche Blütezeit. Sichtbar wird der Reichtum an den *Kommandeurshäusern.* Seit 1801 gehört die Insel zur Provinz Friesland, bis 1883 war sie mit dem Festland durch einen Deich verbunden. Heute erreicht man mit der Fähre in einer Dreiviertelstunde den »Wattendiamanten«, wie sich Ameland nennt.

Vier Dörfer zählt die Insel: Hollum, Buren, Nes und Ballum. Hauptort ist *Nes,* hier legt auch die Fähre an. Die zahlreichen Restaurants, Hotels und Geschäfte in den Gassen verleihen dem Dorf einen kleinstädtischen Charakter. Alte Kommandeurshäuser wurden restauriert, Tante-Emma-Läden verwandelten sich in Boutiquen. Überragt wird der Ort vom Turm der *Hervormenden Kerk* (1664), der als Seezeichen diente. Um die Kirche herum gruppieren sich die winzigen Häuser. Das älteste stammt noch aus dem Jahr 1625 und steht am Rixt van Doniaweg 8.

Während das Bauerndorf Buren wenig Charme hat, scheint in ★ *Ballum* die Uhr im 19. Jh. stehen geblieben zu sein. Man findet herrliche alte Höfe, und auch die Hervormende Kerk an der Dorfallee ist einen Besuch wert. Der schönste und größte Inselort ist *Hollum.* An den mit Ziegelsteinen ausgelegten Straßen stehen Kommandeurshäuser und Bauernhöfe, in der Johan Bakkerstraat Nr. 6 findet man das ältestes Haus der Insel – es stammt aus dem Jahre 1516. Wo Ooster- und Burenlaan, die zwei ursprünglichen Dorfstraßen, aufeinander treffen, steht die Hervormende Kerk mit ihrem wuchtigen Kirchturm. Auf dem Friedhof ist der Grabstein von Hidde Dirks Kat zu sehen, dem bekanntesten Kommandeur der Walfischfänger. Der Ameländer, dessen Schiff im Winter 1777–1778 im Eismeer strandete, konnte sich retten. Nach anderthalb Jahren Irrfahrt kehrte er auf seine Insel zurück.

Das Wetter auf den Inseln ist so, wie man es von den Werken der niederländischen Meistermaler her kennt: tiefblauer Himmel, an dem die Wolken wie Wattebäusche hängen. Das Gebiet zwischen und hinter den Dünen ist bunt gescheckt durch die Windschirme, auf dem Meer leuchten vereinzelt die grellfarbenen Masten wagemutiger Surfer.

BESICHTIGUNG

Leuchtturm

Wer die 235 Stufen bis zur 58 m hohen Plattform des weithin sichtbaren Leuchtturms (erbaut 1880) erreicht hat, wird mit einer herrlichen Weitsicht belohnt. *Im Sommer tgl. 10–16.30 Uhr, hin und wieder auch am Abend, sonst unregelmäßig, Tel. 0519/55 47 03*

MUSEEN

Natuurcentrum

Gezeigt wird die geologische Entwicklungsgeschichte, außerdem gibt es Infos zum Wattenmeer. Im Meerwasseraquarium schwimmen Nordseefische. *Unregelmäßige Öffnungszeiten, im Sommer meist Mo–Fr 10–12, 13–17 Uhr, Sa und So 13.30–17 Uhr, Eintritt 3,40 Euro (MJK), Nes, Strandweg 38*

Sorgdrager Museum

Das Museum besteht aus einem Bauernhaus und zwei Kommandeurswohnungen. Hier erfährt man etwas über die Inselgeschichte und das tägliche Leben auf der Insel. *Unregelmäßige Öffnungszeiten, Auskunft über Führungen: Tel. 0519/55 44 77, Hollum, Herenweg 1*

RESTAURANTS

Die Cafés und Restaurants konzentrieren sich in Hollum und Nes, die größeren Hotels verfügen alle über eigene Restaurants. Die Inselküche zeichnet sich durch Deftigkeit aus. Da es seit mehr als 100 Jahren keine Fischer mehr auf Ameland gibt, wird der Fisch vom Festland hierher transportiert.

De Dissel

Gemütliches Lokal mit Kamin, der an kalten Abenden für Wärme sorgt. Deftige holländische Gerichte, Spezialität ist der Apfelkuchen. *Tgl. 17–22.30 Uhr, Ballum, Camminghasstraat 22, Tel. 0519/55 42 14, €€*

't van Heeckeren huys

Populär und trendy, große Auswahl an Pizzen und Pastagerichten, Terrasse. Im Sommer sehr voll, was sich teils ungünstig auf die Qualität auswirkt. *Tgl. ab 10 Uhr, Nes, Kerkplein 6, Tel. 0519/ 54 29 11, €€–€*

Herberg De Zwaan

Urig und gemütlich eingerichtete Herberge. Köstlich sind die gebackenen Muscheln. Spezialität des Hauses: Lammschmorbraten. *Tgl. geöffnet, Hollum, Zwaneplein 6, Tel. 0519/55 40 02, €€–€*

De Klimop

Rustikal eingerichtet mit Kamin. Stilvoll geht es am Abend zu, originelle Fleisch- und Fischgerichte. *Ab 10 Uhr, Nes, Joh. Hofkerweg 2, Tel. 0519/54 22 96, €€*

Nescafé

Typisch holländisches *eetcafé*, immer gut besucht. Kein Wunder, dass die Bedienung oft im Stress ist. Abwechslungsreiche Tagesgerichte, die Qualität ist sehr unterschiedlich. *Tgl. ab 10 Uhr, Nes, Van Heeckerenstraat 10, Tel. 0519/54 27 60, €€–€*

Lieblingsplatz vieler Besucher: Restaurant 't van Heeckeren huys auf Ameland

Pannekoekhuis

Das Pfannkuchenhaus beim Leuchtturm ist eine Institution. Sage und schreibe 250 Variationen der Magenfüller reichen von »naturell« (nur Zucker) bis zum Belag mit Fleisch. *Tgl. 10–18 Uhr, Oranjeweg 44,* €

HOTELS

De Klok

Gemütliches Familienhotel, weiß getünchte Zimmer, einfaches Restaurant und Café. *8 Zi., Buren, Hoofdweg 11, Tel. 0519/55 21 81, Fax 55 24 97,* €

Nobel

Hinter der Bauernhausfassade wurden die Zimmer modernisiert, einfach und freundlich eingerichtet. Das Hotelrestaurant gehört zu den besseren der Insel. Gemütliches Café. *16 Zi., Ballum, Gerrit Kosterweg 16, Tel. 0519/55 41 57, Fax 55 45 15,* €€

Waddencentrum

Im Sommer 1997 eröffnete die Jugendherberge im Westen der Insel ihre Pforten. Idyllisch in den Dünen gelegen. *144 Betten, Oranjeweg 59, Tel. 0519/55 41 33, Fax 55 44 35,* €

SPIEL UND SPORT

Angeln

Mit der MS Bruinvis kann man zum Hochseeangeln fahren. *Auskunft: Tel. 0596/68 20 48*

Baden

Bei Nes und Buren bewachter Strand. FKK ist von Paal 4–7, 9–11,5 und ab Paal 17,2 erlaubt.

Fahrradfahren

Das Rad ist auf der Insel das vorteilhafteste Fortbewegungsmittel. Es gibt etwa ein Dutzend Fahrradvermieter.

Reiten

Mehrere Reitställe vermieten Pferde, stunden- oder auch tageweise: *Seelon, Ballum, Smitteweg 11, Tel. 0519/55 45 56; Kuperus, Nes, Torenstraat 14, Tel. 0519/54 20 67,* Planwagentouren: *Juttersmuseum, Buren, Tel. 0519/54 28 45.*

Schwimmen

Das subtropische Schwimmbad *Aqua Plaza* hat eine 120 m lange Wasserrutsche, Dampfbäder, Whirlpools, Sonnenbänke. Die Alternative bei schlechtem Wetter. *Nes, Molenweg 18, wechselnde Öffnungszeiten: Tel. 0519/54 29 00*

Wandern

Ein Ausflug per Rad oder zu Fuß führt über markierte Wege durch das Naturschutzgebiet *Het Oerd.* An der Wattseite erhebt sich die höchste Düne der Insel, von hier aus hat man einen schönen Rundblick. Regelmäßige Führungen durchs Watt.

AUSKUNFT

VVV

9163 ZL Nes, Rixt van Doniaweg 2, Tel. 0519/54 65 46, Fax 54 29 32, www.ameland.nl

Fähre

Holwerd–Ameland: Wagenborg: Tel. 0519/54 61 11 (Abfahrtszeiten, Reservierung), Erw. 8,75, Pkw ab 60 Euro. Abfahrtszeiten: Mo–Fr 7.30, 8.30, 10.30, 12.30, 16.30, 18.30 Uhr, Sa 8.30, 12.30, 16.30, 18.30 Uhr. (Juni–Aug. Sa zusätzliche Fähren), So 9.30, 13.30, 17.30 und 19.30 Uhr. Gebührenpflichtige, bewachte Parkplätze in Holwerd

SCHIERMONNIKOOG

(114/B 1) Schiermonnikoog ist eine einzige Überraschung. Die Watteninsel, seit 1988 Nationalpark und von den Einwohnern liebevoll »lytje pole« (kleines Eiland) genannt, ist abgesehen von Bussen und Taxen autofrei.

Schiermonnikoog – auf Friesisch heißt die Insel »Skiermountseach« – ist die östlichste und kleinste der zur Provinz Friesland gehörenden Inseln. Ihr Name geht auf die grauen (»schieren«) Zisterziensermönche (»monnik«) des Klosters Claerkamp bei Dokkum zurück, die die Insel bereits im 12. Jh. besiedelt hatten.

Die Walfischknochen in Schiermonnikoog erinnern an die Walfängerzeit

Holländer lieben diese knapp 40 km² große Insel, betrachten sie als ihre letzte Oase und wachen eifersüchtig darüber, dass nicht allzu viele Fremde sie entdecken. Nur eine Dreiviertelstunde dauert die Überfahrt, und doch ist es so, als befände man sich danach in einer anderen Welt. Auch wenn es heißt, dass jede Insel zweifelsohne ihren eigenen Reiz hat: Schiermonnikoog ist doch etwas ganz Besonderes.

Die rund 1000 Einwohner leben im einzigen Ort mit demselben Namen, 1760 erbaut. Der Dorfkern steht unter Denkmalschutz. An die Epoche, als im Dorf Schiermonnikoog viele Walfänger lebten, erinnern die gewaltigen Walfischknochen, die in der Ortsmitte aufgestellt sind. Das Denkmal wurde zu Ehren des Entdeckungsreisenden und Seefahrers Willem Barentszoon errichtet. Die meisten der 300 000 Besucher im Jahr sind Tagesgäste, die Bettenkapazität wurde auf 5500 beschränkt, damit »lytje pole« nicht überlaufen wird.

Die Insel gehörte seit 1892 dem deutschen Grafen Hartwig von Bernstorff. Nach dem Krieg wurde das Eiland wie alle deutschen Besitztümer in Holland enteignet. Seitdem ist die Insel friesisch und seit 1989 niederländischer Nationalpark.

Viel Natur, sauberes Wasser, einsame Sandstrände, freundliche Menschen und Ruhe – das sind die Pluspunkte der Insel. Abgesehen von Bussen und Taxen bestimmt das Fahrrad das Tempo. Die Sandbänke vor Schiermonnikoog gelten als Kinderstube junger Seehunde. Die Insel ist ein Ziel für Vogelfreunde – vor allem im Frühjahr. Die Strände gehören zu den breitesten von Europa, die Dünen sind hoch und alt, die Landschaft mit ihren Wäldern und Wiesen ist abwechslungsreich. Rad- und Wanderwege durchkreuzen das Eiland, in dem praktisch alles unter Naturschutz steht. Nicht eine einzige Blume darf gepflückt werden. Ein buntes Disko- und Kulturleben sucht man vergeblich; das bescheidene abendliche Leben spielt sich in einigen wenigen Lokalen ab – schon nach zwei Tagen trifft man überall auf bekannte Gesichter. Für die Unterhaltung ihrer Gäste sorgen die Einheimischen selbst mit einer Tanzgruppe und einem Shantychor.

BESICHTIGUNGEN

Bezoekerscentrum

Unterhalb des Wasserturms befindet sich das Besucherzentrum. Hier wird anschaulich über biologische und ökologische Aspekte des Wattenmeeres und des Nationalparks informiert. Wattwanderungen, Fahrradtouren, individuelle und Gruppenexkursionen u. a. durch die Vogelbrutgebiete der Kokbeduinen werden hier angeboten. *Mo–Sa 10–12 und 13.30–17.30 Uhr, Eintritt 0,50 Euro, Torenstreek 20*

Bunker

Auf einer der höchsten Erhebungen der Insel, der *Poemelsduinen,* befinden sich die Reste eines Westwallbunkers aus dem Zweiten Weltkrieg. Von dem Bunker, von den Einheimischen »Wassermann« genannt, hat man eine herrliche Aussicht.

RESTAURANTS

Berkenplas

Idyllisch am Teich in den Dünen gelegen. Der Küchenchef bereitet vom Pfannkuchen bis zum Schnitzel alles lecker zu. *Tgl. 10–22, Küche 12.30–20.30 Uhr, Prins Bernhardweg 1, Tel. 0519/ 53 15 70, €€–€*

Duinzicht

Holländische Behaglichkeit mit Teppichen auf den Tischen. Serviert wird deftige und schmackhafte Kost. Probieren Sie den Fischteller. Mit Hotel. *Tgl. geöffnet, Badweg 17, Tel. 0519/53 12 18, Fax 53 14 25, €€–€*

De Tjattel

Café im gleichnamigen Hotel. *Tgl. 10–22 Uhr, Langestreek 94, Tel. 0519/53 11 33, €€–€*

Vishandel

Den besten Fisch bekommt man in dieser Snackbar. Einfach, aber sehr gut. Auch zum Mitnehmen. *Tgl. 10–20 Uhr, Noorderstreek 38, Tel. 0519/53 17 43, €*

ÜBERNACHTUNGEN

Bed & Brochje

Zimmer mit Bett und Frühstück bieten mehrere Familien im Dorf an. Die Preise liegen zwischen 25 und 35 hfl pro Person und Tag. *Adressen beim VVV*

Graaf Bernstorff

Badehotel im Dorfzentrum, kleine Zimmer mit modernen Bädern, aber teils überfordertes Personal. Das nach dem früheren Besitzer benannte Haus hat ein schickes, teures, gut besuchtes Brasserie-Café, Terrasse, Bar und Bibliothek. Auch 29 Apartments. *17 Zi., Reedeweg 1, Tel. 0519/53 20 00, Fax 53 20 50, €€€*

Herberg Rijsbergen

Untergebracht im früheren Wohnhaus des Grafen Bernstorff am Ortsrand ist die Herberge auch für Gruppen und Familien geeignet. Zimmer für 2–6 Personen. Bar und Terrasse, im Haus kann auch gegessen werden. *Knuppeldam 2, Tel. 0519/53 12 57, Fax 53 16 80, €*

Singender Sand

Das Phänomen ist seit Urzeiten bekannt: Sand, der unter dem Einfluss des Windes »singt« und »plumpst«. Überall auf der Welt haben Wirte ihre Strandlokale danach benannt: etwa Singing Sands Inn. Strandsand, der aus Körnern im Durchmesser von einem 100stel- bis 1000stel-Millimeter besteht, macht Musik, wenn der Wind ihn durchwirbelt. »Singender« Sand besteht vor allem aus Quarz, »plumpsender« Sand aus kalkartigen Verbindungen. Er kommt an extrem trockenen Orten vor. Während der »singende« Sand eine Seltenheit ist, stößt man auf »plumpsenden« Sand häufiger. Und mit viel Glück kann man »plumpsenden« Sand an einigen Strandabschnitten auf Schiermonnikoog, Ameland und in Zeeland hören – wenn Sandteile durch den Seewind instrumentalisiert werden.

Noderstraun
Modernes Haus in den Dünen hinter dem Strand. Zum Strandhotel gehört ein Tennisplatz. *48 Zi., Badweg 91, Tel. 0519/53 11 11, Fax 53 18 57, €€€*

Seedune
Schöner, am Waldrand gelegener Campingplatz. Bis max. 800 Urlauber können hier ihre Zelte aufschlagen. *Mitte Mai–Sept., Seeduneweg 1, Tel. 0519/53 13 98*

Van der Werff
Beliebtes Ziel für Hollands stadtmüde Künstler und Intellektuelle. Traditionsreiches Badehotel, früher Poststation, liebenswert verstaubte Atmosphäre. Die Zeit scheint hier stehen geblieben zu sein. Nr. 20 und 45 sind die größten Zimmer. Treffpunkt für Insulaner und Urlauber ist das stimmungsvolle *bruine café*, am Abend oft brechend voll, aber auch tagsüber bei Regen. Guter Imbiss: Genever und Bitterballen. *43 Zi., Reeweg 2, Tel. 0519/53 12 03, Fax 53 17 48, €€*

SPIEL UND SPORT

Baden
Der Strand von Schiermonnikoog und das Wasser gehören zu den saubersten Hollands. Baden ist überall erlaubt. Der bewachte Teil befindet sich am Ende des Prins-Bernhard-Weges. Zwischen Paal 2 und 7 ist Nacktbaden allerdings verboten. Bei Paal 3 kann man Windschutz und Strandstühle mieten. Das Betreten der Sandbänke ist streng untersagt. Einmalig schön ist auch *Het Rif* mit seinen weiten Sandflächen.

Strand-Express
★ Ein Trecker mit Personenanhänger tuckert am Nordseestrand entlang zur Ostspitze Balg. Wer will, kann bei schönem Wetter dann den kilometerlangen Weg am Strand zum Ort zu Fuß wieder zurückgehen. Karten gibt es beim VVV oder beim Vishandel am Noorderstreek.

Surfen
Das Windsurfgebiet befindet sich zwischen Paal 3 und 4.

AUSKUNFT

VVV
9166 ZP Schiermonnikoog, Reeweg 5, Tel. 0519/53 12 33, Fax 53 13 25

Fähre
Lauwersoog – Schiermonnikoog, Wagenborg: Tel. 0519/54 61 11, Mo–Sa 9.30–13.30 Uhr alle 2 Std. sowie um 17.30 Uhr, Fr zusätzlich 19.30 Uhr, So 9.30, 11.30, 15.30, 17.30, 19.30 Uhr, Fahrpreis 10 Euro, Kinder bis 11 Jahre 5,40 Euro, Überfahrt 50 Min., keine Privatwagen erlaubt, gebührenpflichtiger Parkplatz am Hafen. Am Fähranleger warten Busse und Taxen. Rundfahrten mit Schiff: Tel. 0519/ 53 12 74

TERSCHELLING

(**112/A–C 1–2**) Es ist immer eine richtige Seereise, die den Urlauber anderthalb Fahrstunden vom Festland nach Terschelling bringt. Von weitem erkennt man bereits den *Brandaris*, den 54 m hohen Leuchtturm, der bereits seit 1594 seine Lichtsignale, die heute rund 40 km weit zu sehen sind, ausstrahlt. Ursprünglich wurde die friesische Insel »Schylge« genannt, was so viel wie »Abgeschiedenheit« bedeutet, und heute noch nennen sich viele Insulaner stolz »Schylger«. Aber abseits der Welt leben sie seit langem nicht mehr. Historisch betrachtet, besteht die zweitgrößte Insel Hollands (11 000 ha groß, 5000 Ew.) aus drei Teilen: West, Midsland und Oosterend, die im Laufe der Zeit durch natürliche Sandaufschüttungen und Deichbau zu einem Eiland wurden. Die gesellschaftlichen Unterschiede zeigen sich noch in der Dorfkultur in West-Terschelling, in Midsland und in Oosterend: In allen drei Orten spricht man einen anderen Dialekt, singt seine eigenen Lieder und denkt dorfpatriotisch.

Nicht gerade friedlich verlief die Inselgeschichte, denn immer wieder wurden die Bewohner von Terschelling von Holländern, Friesen und Engländern in blutige Auseinandersetzungen hineingezogen. So kreuzte auf dem Höhepunkt des holländisch-englischen Seekrieges im 17. Jh. eine englische Flotte vor West-Terschelling auf, steckte das Dorf in Brand und zerstörte die 170 holländischen Handelsschiffe, die gerade von ihren Reisen aus Asien zurückgekehrt waren. Daraufhin segelte Admiral Michiel de Ruyter über den Kanal die Themse hinauf, setzte aus Rache Teile von London in Brand und erbeutete englische Kriegsschiffe. Während des Zweiten Weltkrieges wurde die Insel von der deutschen Besatzungsmacht zu einer Seefestung ausgebaut.

Die wohlhabende Insel ist die Heimat des Seefahrers und Entdeckers Willem Barendszoon, der 1555 hier geboren wurde. Er entdeckte 1594 die Westküste von Nowaja Semlja im Eismeer und 1596 Grönland. Er war von den Amsterdamer Regenten mit drei Schiffen ausgesandt worden, um eine nördliche Route nach Asien zu finden, blieb aber im Eis stecken und musste überwintern. Nach ihm wurde die Barentssee im Nordpolarmeer benannt.

Die 28 km lange Insel steht zum größten Teil unter Naturschutz: Fast die Hälfte ihrer Landmasse belegt allein das 4400 ha große Naturreservat *De Boschplaat* im Nordosten, im Westen liegt das pflanzenreiche Sandgebiet *Noordwarder,* das auch unter Naturschutz steht. In den geschützten Gebieten und im Wattenmeer kann man Brandseeschwalben, Löffler, Reiher, Eiderenten, Austernfischer, Gänse aller Art und die winzigen Alpenstrandläufer entdecken. Es wachsen auf der Insel noch rund 600 wilde Pflanzen, darunter die roten Cranberrys, auch Moorbeeren genannt, aus denen Likör, Marmelade und Wein hergestellt wird.

Der Inseltourismus entwickelte sich Anfang des 20. Jhs. Der kilometerlange weiße Sandstrand, der stellenweise 500 m breit ist, zieht heute jährlich über 300 000 Besucher an, die Touristikbranche zählt rund 1,2 Mio. Übernachtungen im Jahr. Vor allem bei der Jugend ist Terschelling beliebt. Es heißt auch, die Sonnenstundenzahl sei hier höher als anderswo in Nordholland. Höhepunkt des Festjahres ist das 10-tägige *Oerol-Kulturfestival* in Midsland. Mit seinen Bars und Diskotheken ist das Dorf das touristische Inselzentrum.

Hauptort und Fährhafen, der einzige Naturhafen des Landes,

ist West-Terschelling, seit dem 13. Jh. bewohnt. Seinen Wohlstand hat das Dorf ebenfalls dem Wal- und Fischfang zu verdanken. An den alten Reichtum erinnern noch die hübschen Kapitänshäuser, die *Commandeurshuizen,* in der Dorfmitte. Am Hafen, in dem zahlreiche seetüchtige Oldtimer wie *Tjalken* und *Kuffen* liegen, stehen gepflegte alte Hollandhäuser. Bei einem Bummel durch die Gassen kann man bestens die historische Atmosphäre genießen.

BESICHTIGUNGEN

't Behouden Huys

★ Inselmuseum in zwei nebeneinander stehenden Kapitänshäusern von 1668. Man bekommt Einblick ins Seenotrettungswesen, die Inselgeschichte und erfährt viel über den Seefahrer Willem Barendszoon. *April–Okt. Mo bis Fr 9–17 Uhr, Juli–Aug. auch Sa 13–17 Uhr, Eintritt 2,70 Euro, Commandeurstraat 32, West-Terschelling*

De Boschplaat

★ Das Naturschutzgebiet, das sich über ein Drittel der Insel erstreckt, ist Europäisches Naturdenkmal. Es entstand durch den Bau zweier Deiche. Natürlicher Wald, Dünen, Wattenmeer, Brutplatz für Vögel. Mit etwas Glück sieht man hier auch die seltenen Kormorane. In dem Biotop wachsen elf Orchideenarten. Geführte Exkursionen. *Auskunft beim VVV oder Stadsbosbeheer, Longway 28*

Brandaris

Brandaris ist mit einer Höhe von 54 m der älteste Leuchtturm des Landes (1594). Das Inselwahrzeichen kann man nur von außen besichtigen. Der wuchtige Turm gehört heute zu den modernsten Verkehrszentralen der Küstenüberwachung.

Centrum voor Natuur

Kombiniertes Naturmuseum und Aquarium, in dem viel Wissenswertes über die Nordseefauna und -flora zu erfahren ist. *April–Okt. Mo–Fr 9–17 Uhr, Sa, So 14–17 Uhr, Eintritt 4 Euro, Burgem.-Reedekkerstraat 11*

Stryper Totenacker

Die Grabsteine auf den Gräbern der Walfänger und Seefahrer sind alt, krumm und verwittert. Der älteste stammt aus dem Jahr 1594. Gruselig schön ist der Friedhof bei Nacht. Bereits um 900 n. Chr. soll hier eine Kapelle gestanden haben. Hinter den Baaiduinen steht eine Frauenstatue, das Stryper Wufke, auf dem Gottesacker. *Midsland*

RESTAURANTS

De Grie

Lokal für Feinschmecker. Spezialität: Rippe mit Entenleber. *Tgl. außer Di 17.30–22 Uhr, Oosterend, Hoofdstraat 43, Tel. 0562/ 44 84 99, €€€*

Pizzeria La Grotta

Nicht nur Pizza, auch Spaghetti werden im Kellerlokal serviert. *Tgl. 11–22 Uhr, Midsland, Ooserburen 2, kein Telefon, €€–€*

Zeezicht

Café-Restaurant am Fährhafen, Aussichtsterrasse, Kuchen und Fischgerichte. *Tgl. 11.30 bis 22 Uhr, Willem Barentszkade 20, kein Telefon, €€–€*

EINKAUFEN

Cranberry-Cultur Skylge
Hier kann man wohlschmeckende Souvenirs erwerben: Likör, Marmelade und Wein aus Moorbeeren. *Formerum*

ÜBERNACHTUNGEN

Campingplätze
✝ *Appelhof,* bei Jugendlichen populär, man kann auch Zelte mieten *(Formerum, Zuid Nr. 2a, Tel. 0562/44 86 99), Dennedune,* Familienplatz für 70 Personen im Randgebiet von Hoorn *(Dorpsstraat 89, Tel. 0562/44 88 96),* ✝ *Irene Hoeve,* für Jugendliche und Gruppen am Dorfrand von Midsland. Mit Kantine *(Oosterburen 79, Tel. 0562/44 90 91).*

Nap
Traditionsreiches Haus. Hinter seinen weißen Mauern verbergen sich zweckmäßig eingerichtete Zimmer. Eigenes Restaurant. *14 Zi., Torenstraat 55, West-Terschelling, Tel. 0562/44 32 10, Fax 44 33 15, €€*

Paal 8
In den Dünen gelegen, einfache bis komfortable Zimmer. 100 m zum Strand. Voll- und Halbpension. Bar und Restaurant, So Brunch mit Musik. *38 Zi., Badweg 4, West-aan-Zee, Tel. 0562/ 44 90 90, €€–€*

Schylge
Komfortferienanlage am Wattenmeer mit Restaurant, Café, Terrasse. Helle und geräumige 85 Zimmer und Apartments. *Van Heusdenweg 37, West-Terschelling, Tel. 0562/44 21 11, Fax 44 28 00, €€€–€€*

Tjermelan
Bungalow- und Caravanpark, auf Familien eingestellt. Tennisplatz und häufig frequentiertes Restaurant vorhanden. *Ca. 400 Bungalows/Stellplätze, Oosterend 2, Tel. 0562/44 89 81, €*

De Walvisvaarder
Umgebauter Bauernhof, stilvoll eingerichtet, Sauna. Unweit des Naturschutzgebietes Kogelwieck. *8 Zi., Lies 23, Hoorn, Tel. 0562/44 90 00, €€*

SPIEL UND SPORT

Angeln
Angelfahrten auf hoher See, die meist am frühen Morgen beginnen, werden von mehreren Kuttern organisiert *(Auskunft beim VVV),* Strandangeln ist bei Paal 19 möglich.

Badestrände
Bewachte Badestrände findet man zwischen Paal 8 und 12. Dort herrscht der meiste Betrieb. Die Pfähle *(paal),* insgesamt 28 Stück, geben die Abstände vom einen Ende der Insel zum anderen in Kilometern an. FKK ist fast überall gestattet.

Fahrräder
Räder sind in allen Dörfern zu mieten, es lohnt sich, die Insel auf den Radwegen, die abseits der Hauptstraßen verlaufen, zu erkunden. Das Radwegenetz ist rund 60 km lang.

Reiten
Reitställe befinden sich z. B. in Hoorn, *Manege De Barrage,* Terpstra; in Formerum, *Pony-Centrum* sowie in Landerum *Familie Lok (Informationen beim VVV).*

Surfen
Bei West-aan-Zee (Paal 9–10) für geübte Surfer, an der Wattenmeerküste bei Lies und am Yachthafen Dellewal von West-Terschelling

Wanderungen
Die Forstverwaltung der Insel hat sechs Wanderungen, die etwa fünf bis sechs Kilometer lang sind, ausgetüftelt und in Faltblättern gut beschrieben. *Auskunft beim VVV*

Yachthafen
Idyllisch am Dellewal. Während der Hochsaison sind sechs nebeneinander liegende Boote keine Seltenheit. Die Nachtruhe wird allenfalls durch singende Diskogänger gestört. Beruhigend: die langen Leuchtfinger von Brandaris. *Tel. 0562/44 33 37*

AM ABEND

De Braskoer
Diskothek und Pub unter einem Dach. *West-Terschelling, Torenstraat 32*

Kroeg de Stoep
Bar, ideal für Nachtschwärmer. *Midsland, Oosterburen 5*

't Spyntje
Café und Bar. *Midsland, Oosterburen 12*

De Walvis
Schön gelegener Strandpavillon für den »Sundowner«. *West-Terschelling, Groene Strand*

Wyb
Beliebte Disko. *Midsland, Oosterburen 11*

AUSKUNFT

VVV
8880 AA West-Terschelling, Willem Barentszkade 19a, Tel. 0562/44 30 00, Fax 44 28 75, Mo–Sa 9–17 Uhr

Fähre
Harlingen–Terschelling: Personen 42 hfl, Autos pro halben Meter ab 22 hfl, Pkw-Reservierung erforderlich. Tel. 0562/44 61 11 (Buchung), 44 27 70 (Fähre), 44 32 20 (Schnellboot)

Für Katamaransegler und andere Wassersportler ist die Insel Texel ein Paradies

TEXEL

(**110/A–B 2–4**) Die Überfahrt mit dem Fährboot vom Festland auf die Insel dauert nur 20 Minuten – so nah liegt Texel am Festland. Die größte der westfriesischen Inseln, die zur Provinz Nordholland gehört, ist 25 km lang und rund neun Kilometer breit. Auf Texel ist das gesamte Jahr über Saison. Obwohl der Fremdenverkehr wichtig ist – von allen Inseln zählt sie die meisten Besucher –, ist auch die Landwirtschaft (Schafzucht, Blumen) bedeutend.

Texel steckt voller Besonderheiten. Anders als auf den anderen Inseln liegt der Hauptort, Den Burg, nicht am Wasser, sondern in der Mitte der Insel. Hübscher als Den Burg sind allerdings die fünf Dörfer De Koog, Den Hoorn, De Waal, Oudeschild und Oosterend. Die reetgedeckten, denkmalgeschützten Gülfhäuser, pyramidenförmige Schafställe, sind charakteristisch für Texel.

Während des »Goldenen Zeitalters« diente Texel als Zwischenstation für die Segler von und nach Asien. Im Watt warten noch Hunderte von Wracks mit wertvoller Ladung auf ihre Bergung. Rund 400 alte Schiffe, die als kulturelles Erbe Hollands gelten, hat man vor der Küste lokalisiert. Der Schiffsfriedhof umfasst den Vliestroom, im 17. Jh. wichtige Fahrroute, Marsdiep bei Den Helder und Borndiep bei Ameland. Weinflaschen, Hausgeräte, Zimmermannskisten und Geldstücke wurden schon geborgen, und hin und wieder verkauft auch ein Antikhändler auf Texel diese Stücke.

Texel (13 000 Ew.) hat sich auf die hohen Erwartungen der Urlauber eingestellt. Modernität ist deshalb überall zu spüren. Es gibt mehrere Camping- und Bungalow-Großprojekte, darunter De Krim, Dennenoord, 't Stapeland, Californië, Sluftervallei, aber auch Pensionen und gute Hotels. Die inseleigene Zeitung heißt »Texelse Couranten«, und das Inselradio strahlt auf 106,1 FM Musik, Neuigkeiten und Klatsch aus. Ebenfalls typisch für Texel, nicht aber für die anderen Inseln: Im Frühjahr blühen Tulpen, Narzissen, Krokusse und Hyazinthen.

Texel lockt mit seiner Vielfalt an Landschaften: Wälder, Dünen, Weiden und viel Ackerfläche. Naturfreunde zieht es in die Naturgebiete De Slufter und De Muy. Verlockend ist es auch, auf den 120 km Radwegen kreuz und quer durch die Landschaft zu radeln. Größte Attraktion bleiben jedoch die Sandstrände, die sich über 25 km an der Nordseeküste entlangziehen. Bei Paal 28 und 9 ist FKK gestattet.

Zu den besten Surfgebieten aller Inseln zählt die Zone beim Leuchtturm.

MUSEEN

EcoMare

★ 🯅 Naturhistorisches Museum mit Seehundstation. Besucherhit: die Fütterungszeiten *(11 und 15 Uhr)*. Entwicklungsgeschichte der Insel und die Bedrohung durch den Tourismus sind Ausstellungsthemen. Modell eines Wals, Dünenpark und Vogelpflegestelle. EcoMare organisiert Wanderungen, unter anderem im Wattenmeer, in den Dünen

Für moderne Strandräuber ein Muss: das originelle Jutters Museum auf Texel

und durch Vogelgebiete. *Tgl. 9–17 Uhr, Eintritt 6, Kinder 3 Euro, De Koog, Ruyslaan 92*

Maritiem en Jutters Museum
In der Scheune des Seefahrtsmuseums hat sich im Laufe der Jahrzehnte ein kunterbuntes Durcheinander an Strandgut angesammelt. Ein Kuriosum ist eine Getreidemühle, die Strom erzeugt. Im Hauptgebäude kann man archäologische Funde aus Schiffwracks betrachten. *Di–Sa 10–17 Uhr, Oudeschild, Barentszstraat 21, Eintritt 4, Kinder 2 Euro*

Oudheidskamer
Dorfmuseum in einem alten Gasthaus (16. Jh.). *April–Okt. Mo–Fr 10–12.30 und 13.15–15 Uhr, Den Burg, Kogerstraat 1, Eintritt 1,60 Euro*

RESTAURANTS

Aus rund 100 Adressen von Restaurants und Imbissstuben kann man wählen. Spezialitäten sind die teuren Fisch- und Lammgerichte. Während das Essen im Restaurant sonst relativ teuer ist, kann man beim Chinesen gut und preiswert essen. Auch nicht schlecht sind die zahlreichen Imbissstuben, in denen man Snacks wie gebackenen Fisch und Muscheln bekommen kann.

Havenzicht
Traditionsreiches Restaurant am Hafen, holländisches Ambiente, Fischgerichte. *Tgl. 12–15 und 17–21 Uhr, Oudeschild, Haven 6, Tel. 0222/31 26 02, €€*

Het oude Veerhuis
Alles, was typisch für die Inselküche ist (wie Lamm und Fisch), angenehme Atmosphäre. *Tgl. ab 10 Uhr, Oudeschild, Haven 2, Tel. 0222/32 28 93, €€*

Klif 12
Theaterlokal, in dem es vor allem im Sommer hoch hergeht. Das Essen ist eigentlich Nebensache. Schräg gegenüber liegt das nette

Kliff 23, dort sind die vegetarischen und die sättigenden Pfannkuchen empfehlenswert. *Di–So ab 11 Uhr, De Hoorn, Kliff 12, Tel. 0222/31 96 33, Kliff 23, Tel. 0222/ 31 95 15, €€*

La Morena

Spareribs und Lamm. *Tgl. 10–24 Uhr, Kikkertstraat 31, De Cocksdorp, Tel. 0222/31 64 64, €€*

Theodorahoeve

Holländische Gerichte, u. a. Pfannkuchen. *Tgl. 12–22 Uhr, Den Burg, Kogerstraat 26, Tel. 022/ 31 23 28, €€–€*

't Pakhuus & Co

Historisches Speicherhaus am Hafen mit einfacher Einrichtung. Besonders schön sitzt man in der 2. Etage. *Do–Mo 17–23 Uhr, Oudeschild, Haven 8, Tel. 0222/31 06 11, €€€*

EINKAUFEN

Albert Blom

Snackbar und Fischladen, gute Auswahl an frischem Fisch für Selbstversorger. *Oudeschild, Schilderweg 265*

Gebr. Willem en Otto Goënga

Spezialitäten vom Texeler Lamm. *Den Hoorn, Zentrum*

ÜBERNACHTUNG

Texel verfügt über ein großes Angebot an Ferienhäusern, Privatpensionen, Hotels und hat rund 15 Campingplätze mit etwa 22 000 Schlafplätzen. Außerdem kann man bei Bauern sein Zelt aufstellen, wenn man vorher die Erlaubnis eingeholt hat. Es gibt Unterkünfte für Behinderte und »Bed & Brochje«, Übernachtung mit Frühstück für rund 35 hfl pro Person bei Familien.

't Koogerend

Nette Familienpension am Dorfrand, einige Zimmer mit Bad auf dem Flur. *25 Zi., Den Burg, Kogerstraat 94, Tel. 0222/31 33 01, Fax 31 59 02, €*

Molenbos

Moderne Hotelanlage mitten im Grünen. *33 Zi., De Cocksdorp, Postweg 224–226, Tel. 0222/31 64 76, Fax 31 63 77, €€*

Op Diek

Nettes Ambiente unterm Reetdach, inmitten von Weiden gelegen. *19 Zi. (mit und ohne Bad), Den Hoorn, Diek 10, Tel. 0222/ 31 92 62, Fax 31 94 89, €*

Opduin

Komfortables und auffallendes Haus mit Schwimmbad und Restaurant. *99 Zi., De Koog, Ruyslaan 22, Tel. 0222/31 74 45, Fax 31 77 77, €€*

Pelikaan

Ruhig gelegenes Kurhotel, moderne 29 Zimmer und Apartments. Massagen und Bäder. *De Koog, Pelikaanweg 18, Tel. 0222/ 311 72 02, Fax 31 76 87, €€*

De Weal

Familienhotel mit schöner Atmosphäre und herzhafter Küche. Schön sitzt man im Wintergarten. *15 Zi., De Waal, Hogereind 28, Tel. 0222/31 32 82, €*

SPIEL UND SPORT

Sportfischer können ohne Angelschein an der gesamten Küste angeln, es besteht die Möglichkeit, einen Segelfliegerkurs mitzumachen, Tennis- und Squashplätze gibt's zur Genüge, und es bieten sich Schiffsausflüge an.

Besichtigung der Seehundbänke
Ausflug nach Vlieland und Wattfahrten zu den Seehundbänken mit »De Vriendschap« zwischen Mai und September. *Info: Pavillon Vliezicht, Tel. 31 64 51*

Garnelenfang
Die Garnelenkutter TX 27 und TX 10 stechen tgl. außer So vom Hafen Oudeschild in See; ein Abenteuer, wenn das 9 m breite und 17 m lange Fangnetz gehievt und der Fang bejubelt wird. *Haven 10 (Souvenirgeschäft), Tel. 0221/31 36 39 und 31 38 06*

Historische Segelfahrt
Der »Grote Jager« lädt ein zu einem beschaulichen Segeltörn. *Tel. 0222/61 27 18*

Märkte
Jeden Montagmorgen in Den Burg. Dienstags im Juli und August Sommermarkt in De Koog, Mittwoch Folkloremarkt in Den Burg. Samstags vormittags kann man auf dem Flohmarkt in Oosterend Schnäppchen machen.

Rondje Texel
Mitte Juni findet auf der Insel das größte Katamaran-Wettsegeln der Welt statt. Dann geht es rund um Texel!

Texel aus der Vogelperspektive
Ein Abenteuer in der Luft mit tollem Blick über die Inselwelt und Meer. Flugzeit zwischen 15 und 60 Min. *Flughafen, Tel. 0222/31 14 64*

AM ABEND

Auf der Insel schließen alle Kneipen und Diskotheken um 1 Uhr, danach dürfen keine Gäste mehr eingelassen werden. Die Musik wird um 2 Uhr leiser, um 3 Uhr müssen sich die letzten Gäste auf den Weg machen.

De Beerekuil
Beliebtes Café für Nachtschwärmer. *De Koog, Dorpsstraat 80*

Hauptplatz von Den Burg
Im Dorfkern ist am Abend immer etwas los. Etwa im großen Saal des Hotels *Lindenboom;* sehr beliebt bei Jugendlichen die Disko *Question.* Seemannslieder kann man im *Café Karseboom* hören.

De Kuip
De Kuip bietet Partystimmung bis zum frühen Morgen. *De Koog, Dorpsstraat 75*

Talk of Town
Die mondäne Nachtadresse. *De Koog, Dorpsstraat 78*

De Toekomst
Gilt als der schickste Club im Dorf, den kein Tanzfreak beim Zickzackkurs auslässt. *De Koog, Dorpsstraat 8*

AUSKUNFT

VVV
1791 AV Den Burg, Emmalaan 66, Mo–Fr 9–18, Sa 9–17 Uhr, Tel. 0222/31 28 47, Fax 31 41 29, (Reservierung) www.texel.net

Fähren
Teso, Tel. 0222/36 96 91 und 36 96 90, Personen ab 12 Jahren

5, Pkw 22 Euro. Abfahrt: Den Helder: stündlich von 8.35 bis 21.35 Uhr, keine Reservierung

VLIELAND

(**110/B–C 1–2**) Die Inseln zwischen Wattenmeer und Nordsee wandern mit dem Wind und den Wellen in Richtung Festland – trotz aller Versuche, sie festzuhalten. Es ist noch nicht sehr lange her, da gab es auf Vlieland zwei Dörfer: West- und Oost-Vlieland. Heute existiert allein noch Oost-Vlieland. West-Vlieland versank zwischen 1717 und 1727 während der Sturmfluten im Meer. Es lag etwa zwei Kilometer vor der jetzigen Inselküste.

Der Rest der Meeresinsel, 20 km lang und nur bis zu zwei Kilometer breit, besteht aus Dünen, Wiesen, Wald und einem 12 km langen, herrlichen Sandstrand. Blauer Himmel, strahlender Sonnenschein und natürlich die Dünen, befestigt von Gras und Ried, sind die Markenzeichen der Insel. Die Dünenlandschaft ist sehr empfindlich. Überall sind die Schäden, die Wind und Wasser verursacht haben, zu sehen: tiefe Löcher in den bewachsenen Sandbarrieren.

Noch im 13. Jh. war das Gebiet der heutigen Insel Vlieland Teil des Festlandes. Erst nach einer schweren Sturmflut im Jahr 1287 wurde es Insel. Im 16. und 17. Jh. blühte der Handel mit den Hansestädten in der Ostsee, die Insulaner beteiligten sich an Entdeckungsreisen nach Australien und ins Eismeer.

Wohlhabend wurde die Insel im 19. Jh. vor allem durch den Walfang. Von Vlieland stammten rund 70 Kommandeure, Kapitäne, die auf Walfang gingen. Einige ihrer herrlichen Kommandeurshäuser sind in Oost-Vlieland noch zu sehen.

Heute leben die etwa 1150 Einwohner im einzigen Dorf, Oost-Vlieland. Als die Ära der Segelschiffahrt zu Ende ging, ging auch der Wohlstand auf Vlieland zurück. Seit den 1950er-Jahren ist der Tourismus der wichtigste Erwerbszweig. Die fast autofreie Insel (Besucher dürfen ihre Autos nicht mitbringen) wird vor allem von Niederländern besucht. Die meisten Besucher mieten sich auf den beiden Campingplätzen (3500 Stellplätze) ein. Wie überall auf den Inseln ist das Fahrrad das zweckmäßigste Verkehrsmittel, man sollte es gleich zu Anfang der Ferien mieten. Im Sommer kann man Bootsausflüge nach Texel und Terschelling sowie Wattenmeerfahrten zu den Seehundbänken unternehmen. Vor allem die Fahrt nach Texel (oder von Texel) mit dem umgebauten Motorfrachtboot »De Vriendschap« (Baujahr 1927) ist spannend. Wegen der zahlreichen Sandbänke kreuzt der Kapitän im Zickzackkurs durch das Wasser, und der Matrose serviert Kaffee und Texeler »Juttertjes«, einen Kräuterschnaps. Und wenn man Glück hat, sieht man Seehunde. Im Südwesten von Vliehors befindet sich ein kleiner Anlegesteg, zu dem ein offener Geländewagen die Texel-Passagiere bringt und wieder abholt, um sie dann durch die Sandwüste zum Gasthaus Posthuys zu karren. Die einzige richtige Straße verbindet das Gasthaus mit dem Dorf – zwischen diesen beiden Punkten fahren auch die Busse. An den Stränden ist in bestimmten Abschnitten FKK gestattet. Wegen der ungünstigen Wind- und Strömungsverhältnisse ist die Insel kein Ziel für Surfer, dafür ist sie aber bei Reitern beliebt. Ein 26 km langer Rundweg führt um die Insel – ein schöner Ausflug mit dem Rad. Das Dorf Oost-Vlieland besteht vor allem aus zwei Straßen, von denen die mit alten Bäumen begrünte, holprige Dorpsstraat mit ihren gepflegten historischen Häusern an die gute alte Zeit erinnert. Hier konzentrieren sich die Cafés, Restaurants und Geschäfte. Architektonische Schmuckstücke sind das alte *Rathaus,* die *Hervormende Kerk* aus dem Jahre 1647 – leider fast immer geschlossen – und das *Tromp Huys.* Seit 1971 steht das Dorf unter Denkmalschutz.

18 m hoch: Leuchtturm auf Vlieland

BESICHTIGUNGEN

Leuchtturm

Auf einer 40 m hohen Düne wurde 1910 der nur 18 m hohe Leuchtturm errichtet, dessen Leuchtsignale aber noch in 40 km Entfernung zu sehen sind. Die Aussicht über Insel und See lohnt die 218 Stufen. *Mai, Juni, Sept. und Okt. Mo–Fr 15–17, Sa 10.30 bis 12 Uhr, Juli und Aug. Mo–Fr 10.30 bis 12 und 15–17, Sa 10.30–12 Uhr, Eintritt 1, Kinder 0,50 Euro*

De Noordwester

Besucherzentrum, das alle Informationen über das Eiland bereithält. Treffpunkt für Vogel-, Watt- und Dünenexkursionen. *Dorpsstraat 150, Tel. 0562/45 17 00*

Vliehors

★ Das weite, vegetationsarme Sandgebiet wird scherzhaft auch »Sahara« genannt. Zwischen Oost-Vlieland und Vliehors erstreckt sich ein dichter Wald. Bei Vliehors liegt die Kaserne: Vliehors wird leider als militärisches Übungsgebiet genutzt. Im Sommer üben auch Soldaten auf dem prächtigen Sandgelände. Am Wochenende aber ist alles still, und auf den Sandbänken vor der Küste des Naturschutzgebietes sonnen sich die Seehunde.

Eine reizvolle, ungefähr acht Kilometer lange Wanderung ist die zwischen dem Dorf und dem alten *Posthuys,* Poststation für die Postreiter, die von 1677 bis 1927 die »Zeebrieve« von Amsterdam via Texel nach Vlieland brachten.

MUSEUM

Het Tromp Huys
Historisches Inselmuseum im ältesten Haus (von 1575) des Eilandes, in dem die Ranghöchsten der Vereinigten Ostindischen Kompanie ihren Sitz hatten. Das Gebäude ist nach Cornelis Tromp benannt, einem der berühmtesten holländischen Admiräle, der sich vor langer Zeit einmal hier aufhielt. Heimatkunde in geeigneter Umgebung. *Mai–Sept. Di–Fr 11–17 Uhr, Sa–So 14–17 Uhr, April und Okt. Di–So 14–17 Uhr, Dorpsstraat 99, Eintritt 2,20 Euro*

RESTAURANTS

Posthuys
Das alte Posthaus ist beliebtes Ausflugsziel, Restaurant und Café mit Terrasse. Die Spezialität ist Gebäck mit köstkicher Heidelbeermarmelade. *20. März–3. Nov. tgl. 10 bis 17, im Sommer bis 18 bzw. 21 Uhr, Postweg-Ende, Tel. 0562/45 12 82, €*

De Wadden
Gut besuchtes Steakhouse, das Fleischgerichte mit sättigender Beilage serviert, zeitweise hektische Atmosphäre. Reservierung notwendig. *Tgl. 12–23.30 Uhr, Dorpsstraat 61, Tel. 0562/45 12 98, €€*

ÜBERNACHTUNG

Badhotel Bruin
Typisches Inselhotel im gemütlichen holländischen Stil, familiäre Atmosphäre. Im Ortszentrum gelegen, zweckmäßig eingerichtete Zimmer, Café, Fischrestaurant. *32 Zi., Dorpsstraat 88, Tel. 0562/45 13 01, €€*

Camping Stortemelk
Hübsch zwischen Dünen gelegen. Nicht weit zur Nordsee. *April–Sept., Tel. 0562/45 12 25*

De Herbergh van Flielant
Kleinstes Hotel, moderne Zimmer zur Straße. Gemütliches Restaurant mit guter Fischküche. Garten. *8 Zi., Dorpsstraat 105, Tel. und Fax 0562/45 14 00, €€*

Seeduyn
Komforthotel direkt am Strand, großzügige Zimmer, Schwimmbad und Restaurant. *90 Zi., Badweg 3, Tel. 0562/45 15 60, Fax 45 11 15, €€€*

SPIEL UND SPORT

Vliehors-Express
Im Sommer geht es vom Posthuys im Geländewagen zum Boot in Richtung Texel. *Info-Tel. 0562/45 19 71 und 44 31 44*

Yachthafen
Richtig hübscher Hafen für echte Segler. Vor dem Hafen kräftige Strömung. *Tel. 0562/45 14 78*

AUSKUNFT

VVV
8899 BB Vlieland, Havenweg 10, Tel. 0562/45 11 11, Fax 45 13 61, Mo–Fr 9–17 Uhr, Sa und So bei Bootsankunft

Fähre
Es dürfen keine Pkw mitgenommen werden. *Harlingen–Vlieland: tgl. 9.05, 14.20 und 19.05 Uhr, Fahrpreis 18, Kinder 10 Euro, Parkplatz in Harlingen. Rederij Doeksen: Tel. 0562/44 29 69 und 44 32 20 (Schnellboot). Dauer der Überfahrt: ca. 1,5 Std., Schnellboot 45 Min.*

Durchs Land der Deiche und der alten Städte

Die hier beschriebenen Routen sind in der Übersichtskarte im vorderen Umschlag und im Reiseatlas ab Seite 110 grün markiert

① RUND UMS IJSSELMEER

Die abwechslungsreiche Rundfahrt führt von Enkhuizen über den Abschlussdeich nach Friesland. Von dort geht's zur Kunstlandschaft Flevoland, dann zurück nach Enkhuizen. Rund 260 km, Dauer: Tagesausflug

Während dieser Tagestour besuchen Sie die holländischen Regionen Friesland, Westfriesland sowie Flevoland mit ihren typischen Landschaftsbildern und den geschichtsträchtigen Orten Enkhuizen, Workum und Blokzijl.

Von den Häfen an der ehemaligen Zuiderzee (heute IJsselmeer) begannen die abenteuerlichen Fahrten der holländischen Kolonialherren und Entdecker nach Gotland und zu den Gewürzinseln, ins Eismeer und an die Gold-, Sklaven- und Elfenbeinküste. Städte wie Hindeloopen, Hoorn oder Enkhuizen machten Geschäfte mit Sultanen und Radschas, die Kaufleute schlürften gewürzten Wein aus Straußeneiern, und in ihren Knopflöchern glänzten Edelsteine. Als das »Goldene Zeitalter« zu Ende ging, verarmten die Städte, ihr historischer Kern blieb aber weitgehend erhalten, weil man größtenteils zu arm war, um sie abzureißen.

Auch *Enkhuizen (S. 34),* wo die Rundfahrt beginnt, kann auf eine ruhmreiche Vergangenheit zurückblicken. Im Zentrum sind noch viele malerische Gebäude aus dem »goldenen Zeitalter« zu sehen. Im 17. und 18. Jh. besaß Enkhuizen die großen Werften, auf denen die Fleuten, die dickbauchigen Segler der Ostindischen und Westindischen Kompanie, gebaut wurden. Das schöne Rathaus, 1686 bis 1688 aus Sandstein errichtet, ist noch erhalten ge-blieben. Neben dem prächtigen Bürgersaal ist auch das Bürgermeisterzimmer aus dem 17. Jh. zu besichtigen.

Die Fahrt führt weiter über *Andijk* und von dort am Deich entlang nach *Medemblik (S. 35).* Über die N 240 erreicht man bald *Den Oever,* wo der 30 km lange Abschlussdeich *(afsluitdijk)* beginnt, der die Provinzen Nordholland und Friesland verbindet.

Auf der 32 m breiten Deichkrone führt die Autobahn hinüber nach Zurich in Friesland. Nach 6,5 km erreicht man einen Parkplatz mit Aussichtsturm, von dem aus man einen schönen Blick über das IJsselmeer und das Wattenmeer hat.

Die stürmische Nordseebucht trocken zu legen war schon immer ein Traum der Holländer. Pläne hierfür gab es bereits im Jahre 1667. Von 1927 bis 1932 dauerte der Bau des Dammes zwischen Nordholland und Friesland. Die Baukosten beliefen sich auf rund 110 Mio. Mark, zeitweise waren mehr als 7000 Arbeiter beschäftigt. Aus der salzigen Zuiderzee, der »Südsee«, wurde das süßwasserhaltige IJsselmeer. Für die Nordseefischer war der Bau freilich eine Tragödie, denn viele verloren dadurch ihre Arbeit.

Hat man die 30 km hinter sich gebracht, biegt man von der A 7 nach *Makkum* ab. Die ehemalige Handelsstadt ist heute bei Wassersportlern beliebt. Sie ist auch für ihre Fayencen bekannt. Von Makkum aus kann man einen Abstecher auf der *Alfaers-Erf-Route* (»Erbe unserer Vorfahren«) machen, an der alte friesische Orte wie *Allingawier, Piaam, Ferwoude, Exmorra* und *Workum* liegen: Museen und Cafés an dieser Museumsroute haben von April bis Oktober täglich 10 bis 17 Uhr geöffnet. Im gut besuchten *Workum (S. 43)* kann man auch sonntags in den Restaurants einkehren. Weiter geht es dann auf der N 359 nach *Lemmer.* Ein Restaurant für Fischliebhaber: *De Connoisseur (Vuurtorenweg 15, Tel. 0515/ 56 50 98, €€€–€€).* Hinter Lemmer führt die Tour über die A 6 bis Ausfahrt Nr. 15, dann weiter auf der N 331 und N 333 über *Marknesse* bis nach *Blokzijl.*

Die kleine Stadt (1200 Ew.), deren Markenzeichen die engen Gassen und die Giebelhäuser rund um den Hafen sind, war während des 80-jährigen Krieges gegen Spanien Piratennest. In Blokzijl legen heute jährlich rund 20 000 Boote an. Von hier lohnt sich ein weiterer Abstecher: Die so genannten Wasserdörfer *Kalenberg, Muggenbeet* und *Giethoorn* sind besonders schön inmitten von »Meeren« gelegen. Während einer Sturmflut im 16. Jh. wurden die tiefer liegenden Gebiete überflutet, und so entstanden »Meere«. Man erreicht Giethoorn – ein lang gestrecktes Moordorf – über die N 334. Attraktion ist eine Fahrt mit den flachen *puntern,* die fast lautlos durch die Kanäle ziehen. Die Straße führt von Giethoorn über Ronduite Richtung Vollenhove und Ens. Über *Schokland (S. 36),* eine ehemalige Insel, heute ein Museum, erreicht man schließlich *Lelystad (S. 35).* Auf der Werft werden historische Segelschiffe nachgebaut. Das seeklare Replikat des Dreimasters »Batavia« dümpelt bereits im Wasser – falls es nicht gerade auf Promotion-Tour ist *(S. 36).* Am Hafen von Lelystad beginnt hinter der Schleuse der ungefähr 30 km lange Damm (N 302, *Markerwaarddijk)* Richtung Enkhuizen durchs Meer. Hörerlebnis hier: himmlische Musik aus dem *Engelenradio* auf 98,0 FM. Eine halbe Stunde dauert die Fahrt von der Kunstlandschaft Flevoland bis zurück ins historische Enkhuizen – oder vier Jahrhunderte, je nachdem, wie man es sehen will.

② ZU DEN STÄDTEN DES GOLDENEN ZEITALTERS

Die geruhsame Tour führt Sie von der Hafenstadt Dordrecht zu den schönen Windmühlen von Kinderdijk, dann über Delft bis zu den stillen Grachten in Leiden. Länge: ca. 95 km, Dauer: Tagesausflug

Die Promenaden am Wasser, der alte Voorstraat- und der Wijnhaven, die malerischen Grachten und engen Gassen machen den Charme von *Dordrecht* aus, dessen Giebel vom 70 m hohen Turm der *Grote* oder *Onze Lieve Vrouwekerk* mit dem barocken Aufsatz überragt werden. Während der St.-Elisabeth-Flut (1421) wurde die Stadt (110 000 Ew.) vom Festland abgeschnitten. Seitdem liegt sie auf einer Insel. Gleich drei Flüsse, die Oude Maas, der Rheinarm Noord und die Merwede, fließen hier vorbei. Am Zusammenfluss der Ströme, am Groothoofdspoort, dem barocken Hafentor, hat man eine herrliche Aussicht: Hier kommen alle Binnenschiffe von und nach Rotterdam vorbei. Die Stadt ist großer Binnenhafen und Wassersportzentrum. Sie zählt mehr als 800 unter Denkmalschutz stehende Gebäude. Dordrecht gehört zu den ältesten Städten der Grafschaft Holland. Sie wurde bereits im Jahre 1049 erwähnt, erhielt 1220 das Stadtrecht und 1299 das Stapelrecht für Wein, Getreide und Holz. Auch die Hanse hatte hier ein Handelshaus. Die *Liebfrauenkirche,* 108 m lang, eine der größten Basiliken des Landes, erbaut im Stil der Brabanter Gotik, besitzt als einzige Kirche Hollands ein steinernes Gewölbe. Sehenswert das Chorgestühl im Stil der Renaissance, der Chor, die Marmorkanzel (1765) und die Glasfenster, auf denen Motive aus der niederländischen Geschichte dargestellt sind. 1618–1619 wurde hier die nationale Synode, die *Dordtse,* abgehalten, in der es um den Glaubensstreit zwischen liberalen und orthodoxen Protestanten ging, den die Liberalen verloren. In einem Patrizierhaus, *Nieuwe Haven 29,* ist das *Museum Mr. Simon Van Gijn* untergebracht. Hier kann man sehen, wie eine wohlhabende Bürgerfamilie im 19. Jh. lebte *(Di–Sa 10–17, So 13–17 Uhr).*

Von Dordrecht geht es weiter in Richtung Papendrecht, Alblasserdam nach *Kinderdijk.* Einzigartig ist die wohl meistfotografierte Mühlenlandschaft Hollands. Die 19 Windmaschinen, erbaut 1722 bis 1761, sind die größte Ansammlung von Poldermühlen im Land. Zwischen April und September kann eine der Mühlen (die mit den Flaggen) besichtigt werden, und im Juli/Aug. drehen sie sich samstags. Im Pumphaus ist ein *Museum* zum Thema Mühlen und Polder eingerichtet.

Nehmen Sie die Autofähre über die Lek nach *Krimpen a. d. Lek,* fahren Sie weiter nach *Capelle aan de Ijssel,* um via E 19 Den Haag anzusteuern. Man verlässt die Autobahn bei der Abfahrt Delft (nicht Delft Zuid). *Delft* *(S. 51)* ist die Heimatstadt des Malers Jan Vermeer. Schon von weitem ist der schiefe Turm der *Oude Kerk* sichtbar. Durch die romantische Innenstadt entlang der Grachten zu spazieren (Vorsicht, Radfahrer!) ist ein Vergnügen. Das historische Herz schlägt an der Oude Delft. In vielen der alten Häuser wohnen Studenten.

Von ihnen gibt es rund 14 000, sie studieren vor allem an der Technischen Hochschule.

Im Jahre 1246 erhielt Delft die Stadtrechte, wurde 1536 durch einen Brand verwüstet und war auch Residenz der Statthalter van Oranje: Willem van Oranje residierte ab 1580 im *Prinsenhof* und wurde dort 1584 von Balthasar Gerards durch Schüsse ermordet. Im Historischen Saal (»Moordhal« genannt) sind die Kugeleinschläge hinter Glas noch zu sehen. Das städtische *Museum* widmet sich dem 80-jährigen Krieg und der Familiengeschichte der Oranier *(Di–Sa 10–17, So 13–17 Uhr).*

Von Delft aus geht es über die E 19, die A 4 (Richtung Amsterdam) nach *Leiden* *(S. 52)* mit dem historischen Stadtzentrum und dem berühmten *Botanischen Garten.* Dem bekanntesten Sohn, am 15. Juli 1606 am Weddesteg geboren, widmet die Stadt eine Wanderung: »Auf den Spuren des jungen Rembrandt«. Am *Galgewater* wurde in einer ehemaligen Zimmermannswerkstatt (1612) die Malstube von Rembrandt rekonstruiert. Hinter dem Akademiegebäude an der *Rapenburg-Gracht* erstreckt sich der Botanische Garten, 1590 angelegt. Hier blühten 1594 die ersten Tulpen. Der Spaziergang führt vorbei am *Rathaus* mit seiner hübschen Renaissancefassade, zum *Vismarkt* entlang am *Nieuwe Rijn* zum Aalmarkt mit *Stadtwaage* (1658) und weiter zum *Museum Lakenhal (Oude Singel 32, Di–Fr 10–17, Sa–So 12–17 Uhr, Eintritt 3,60 Euro, MJK).* Man beschließt den Ausflug am besten in einem der schönen Terrassencafés an den Grachten.

③ STRANDWANDERUNG VON NOORDWIJK NACH ZANDVOORT

Eine Strandwanderung entlang des Nordseestrandes ist eine gesunde Sache. Zwischen Noordwijk und Zandvoort beträgt die Strecke ungefähr 15 km. Man kann die Wanderung in eine Richtung machen und in Zandvoort den Zug in Richtung Haarlem nehmen, der halbstündlich fährt (Bus Haarlem–Noordwijk: Linie 90).

Die Wanderung beginnt am Noordwijker Strand bei Paal 81. In Zandvoort endet sie bei Paal 65. Von dort aus sind es nur noch 300 m bis zum Bahnhof. Wer direkt am Strand entlanglaufen möchte, erkundige sich lieber vorher nach den Tidenzeiten. Es läuft sich nämlich am besten, wenn der Sand gerade trocken geworden ist, also wenn die Ebbe einsetzt. Wichtig ist außerdem die Richtung, aus der der Wind weht: Das Wandern ist natürlich bequemer mit dem Wind im Rücken.

Nach etwa sechs Kilometern passieren Sie das Badzentrum *Langevelder slag* (zwischen Paal 74 und 75) mit Restaurant. Hier können Sie sich überlegen, ob Sie die Strecke durch die Dünen auf dem *Duindamseweg* wieder zurücklaufen wollen. Die Dünen sind hier bis zu 25 m hoch. Bewachsen sind sie mit Gras und kleinen Büschen. Hinter ihnen liegt das Gebiet, aus dem Amsterdam sein Trinkwasser bezieht, *Amsterdamse Waterleiding Duinen.* Dort ist der Zugang gesperrt. Gehen Sie weiter bis Zand voort, haben Sie bis zum Paal 70 die Küste für sich allein. Zeit genug, um für eine Weile die »Seele baumeln« zu lassen.

Von Auskunft bis Zoll

Hier finden Sie kurz gefasst die wichtigsten Adressen und Informationen für Ihre Reise an die Holländische Küste

AUSKUNFT

Niederländisches Büro für Tourismus (NBT)
– *In Deutschland:*
NBT, Postfach 27 05 80, 50511 Köln, Tel. 01805/34 33 22, Fax 0221/92 57 17 37, Mo–Fr 9–19 Uhr
– *In der Schweiz: Das NBT in Köln ist auch für Besucher aus der Schweiz zuständig.*
– *In Österreich:*
NBT, Postfach 160, 1041 Wien, Tel. 01/504 33 19, Fax über NBT Köln
– *Internet: www.niederlande.de* oder *www.holland.com*

Niederländisches Reservierungs-Zentrum (NRC)
Beim Reservierungszentrum können Sie Bungalows und Ferienhäuser, Hotelzimmer, Wanderhüttenplätze und Bed & Breakfast-Übernachtungen reservieren lassen.
– *Postbus 404, NL-2260 AK Leidschendam. Tel. 0031/70/419 55 33, Fax 419 55 19, www.hotelres.nl, www.gwk.nl*
– B & B: *www.holiday link.com*

Niederländische Eisenbahnen
Informationen über Verbindungen, Ermäßigungen und Kombitickets: *Tel. 0031/900 92 92, www.ns.nl oder über NTB Köln*

Auskunft in Holland
Im Land gibt es 350 Verkehrsbüros, die VVV *(Vereinigung voor Vreemdelingenverkeer)*. Gegen Gebühr vermitteln sie Hotels und andere Unterkünfte, Ausflüge und verkaufen Prospekte, Wander- und Straßenkarten. Die meisten VVV-Büros sind Mo bis Fr 9 bis 17 Uhr, Sa 10 bis 13 Uhr geöffnet. Im Sommer stehen einige VVV den Besuchern auch am Sonntag zur Verfügung.

AUTO

Auf Autobahnen sind 120 km/h, auf Schnellstraßen 100 km/h und auf Landstraßen 80 km/h erlaubt. In den Ortschaften darf man 50 km/h und 30 km/h fahren. Die Einhaltung der Geschwindigkeit wird geprüft. Auf der Autobahn Utrecht–Amsterdam wird rund um die Uhr regelmäßig kontrolliert. Ein Liter bleifreies Euro 95 kostet etwa 1,10 Euro, Super Plus 98 etwa 1,14, Diesel kostet etwa 0,77 Euro. (Stand: Sommer 2000)

BAHN

Das öffentliche Verkehrsnetz ist mit Bus und Bahn gut ausgebaut. Platzreservierungen und IC-Zuschläge kennt man hier nicht. Kinder (4–11 Jahre) zahlen in Erwachsenenbegleitung nur 1,20 Euro *(railrunner)*. Oft lohnt es sich, eine Tages- *(dagkaart)* oder eine Minigruppenkarte *(meerman´s kaart, bis 6 Pers.)* zu lösen (z. B. 4 Pers. 1 Tag durchs ganze Land: 70 Euro). *Auskunft: Tel. 0900/92 92*

BEHINDERTE

Mehrere Organisationen kümmern sich um den Urlaub mit Behinderten. Info: *NIZW, Tel. 030/230 66 03, Bahn: Tel. 030/230 55 66, 235 55 55*

CAMPING

Campingplätze und Wanderhütten gibt es in hoher Zahl an der Küste, pro Tag und Person muss man zwischen 25 und 35 hfl rechnen. Wildes Camping ist verboten, die Geldbußen sind hoch.

DIPLOMATISCHE VERTRETUNGEN

Botschaft der Bundesrepublik Deutschland
Groot Hertoginnelaan 18–20, 2517 EG Den Haag, Tel. 070/342 06 00, Fax 365 19 57

Schweizer Botschaft
Lange Voorhout 42, 2514 EE Den Haag, Tel. 070/364 28 31, Fax 356 12 38

Botschaft der Republik Österreich
Van Alkemadelaan 342, 2597 AS Den Haag, Tel. 070/342 54 70, Fax 328 20 66

EINREISE

Schweizer, Deutsche und Österreicher benötigen einen Reisepass oder einen Personalausweis, um in die Niederlande einzureisen, eine Grenzkontrolle findet aber nicht mehr statt. Tiere benötigen eine Bescheinigung über Tollwutimpfung.

EURO

Bei Redaktionsschluss waren noch nicht alle Euro-Preise festgesetzt. Wir haben die Preise deshalb in manchen Fällen auf- bzw. abgerundet. In der nächsten Auflage finden Sie wieder wie gewohnt die exakten Preise.

FAHRRÄDER

Das eigene Rad kann man auch im Zug mitnehmen, dafür ist eine Fahrkarte *(Tageskarte 5,70 Euro)* notwendig. Die *fiets*-Karte gibt es am Fahrkartenschalter zu kaufen. Das Rad muß man allerdings selber in den Zug tragen (Wagen mit Fahrradsymbol beachten). Mo–Fr ist die Mitnahme von 6.30 bis 9 Uhr und von 16.30 bis 18 Uhr nicht erlaubt. In den Monaten Juli–Aug. gelten diese Einschränkungen nicht.

FERNSEHEN UND RADIO

Aus mehr als zwei Dutzend internationalen Programmen kann man wählen, unter anderem kann man auch ARD, ZDF, WDR und N3 sowie einige deutschsprachige Privatsender empfangen. Dasselbe gilt für die Radioprogramme der Deutschen Welle, Deutschlandfunk, WDR, N3 und SWR.

FKK

Es gibt zahlreiche FKK-Strände an der gesamten Küste und auf den Inseln. Informationen über Naturistenvereine: *Tel. 030/ 232 88 10*

GELD UND GELDWECHSEL

Bei Postämtern, Banken und den GWK *(Grenswisselkantoor)* kann man gegen Gebühr Geld tauschen. Wechseln sollte man auf keinen Fall in den »Change-Offices«, denn dort werden häufig trotz des Hinweises »no commission« Provisionen verlangt. Tipp: Um die hohen Provisionen bis zur Einführung des Euro zu vermeiden, zahlen Sie möglichst mit Kreditkarte oder heben Gulden mit der Geldkarte in Verbindung mit Ihrer Geheimnummer aus dem Geldautomaten ab.

GRUPPENUNTERKÜNFTE

Familien, Schulklassen und Vereine haben die Möglichkeit, größere Häuser für Veranstaltungen und Ausfahrten zu mieten. Sie können unter Bauernhäusern, Bungalows in Feriendörfern und Herrenhäusern wählen. Informationen erhalten Sie unter *Tel. 0031/487/59 46 41, Fax 59 43 89, www.groepsaccommodaties.com*

INSELHÜPFEN

Waddenhoppen sagt man in Holland zum Reisen von Insel zu Insel. Wer in einem Urlaub gleich mehrere Eilande kennen lernen möchte, der kann eine organisierte Reise buchen. *Informationen unter Tel. 0031/222/31 64 51, Fax 31 41 29*

JUGENDHERBERGEN

In Holland gibt es 34 Jugendherbergen, auch Familien, Gruppen und Nichtmitglieder können dort übernachten. Auskunft und Reservierung: *NJHK, Prof. Tulpstraat 2, NL-1018 HA Amsterdam, Tel. 0031/20/551 31 55, Fax 639 01 99*

KLIMA/REISEZEIT

Das Klima wird durch das Meer bestimmt: nicht zu heiße Sommer und milde Winder. Auch der Golfstrom wirkt sich mäßigend aus. Die geringe Ausdehnung des Landes hält die regionalen Klimaunterschiede in Grenzen, es gibt aber dennoch Temperaturschwankungen. So scheint die Sonne in Zeeland häufiger als im Rest des Landes. Die Wassertemperaturen liegen im Sommer bei 17 °C, manchmal auch darüber. Mai und Juni sind die niederschlagsärmsten Monate.

MUSEUMSJAHRKARTE (MJK)

Wer mehrere Museen besuchen will, sollte die Museumsjahreskarte *(Museumjaarkaart)* kaufen. Sie ist ein Jahr gültig und berechtigt zum kostenlosen Besuch der meisten Museen Hollands. Die Jahreskarte kostet 25, für Jugendliche 12,50 Euro. Sie ist bei VVV-Büros, NBT-Köln und in den Museen erhältlich. Passfoto nicht vergessen! Die Museen, die die MJK akzeptieren, sind im Text mit »MJK« gekennzeichnet.

NOTRUF

Die kostenlose Notrufnummer gilt landesweit: 112

ÖFFENTLICHE VERKEHRSMITTEL

Bus und Tram: Mit einer so genannten »Strippenkaart«, der Streifenkarte, fährt man in Straßenbahnen (Tram) und Bussen (auch über Land), die nationale Strippenkaart (5,40 und 16 Euro) ist im gesamten Land gültig. Für eine Zeitzone stempelt man zwei Coupons ab. Die Karten gibt es bei den Fahrkartenschaltern, bei Zeitschriftenhändlern oder beim Fahrer – dort aber teurer.

Treintaxi (Bahntaxi): An 111 Bahnhöfen stehen »Treintaxen«. Will man am Ziel das Treintaxi benutzen, muss man zusammen mit der Fahrkarte ein Ticket (3,40 Euro) für das Taxi kaufen. Sie fahren täglich ab 7 Uhr bis zum letzten Zug.

ÖFFNUNGSZEITEN

Den Geschäften steht es frei, wann sie geöffnet haben. Allgemeine Öffnungszeiten: 8.30–18 Uhr, Supermärkte oft bis 20 Uhr, am Sa bis 17 Uhr. In einigen Urlaubsorten haben Läden auch So 12–17 Uhr geöffnet. Verkaufsabend: Do oder Fr bis 21 Uhr.

PARKEN

Aus den Städten wird der Autoverkehr verbannt, da den Parkproblemen anders nicht mehr beizukommen ist. Das Parken ist relativ teuer (es gibt Parkuhren und Parkautomaten, also an Münzen denken). Die Tarife schwanken zwischen 1,50 und 2,50 Euro pro Std. Je nach Stadt muss täglich zwischen 9 und 19 Uhr, in Amsterdam bis 23 Uhr bezahlt werden. Auch an den Stränden stehen Parkautomaten. Ist die Parkzeit überschritten, wird eine Radklemme *(wielklemme)* angeschraubt. In Amsterdam kostet die Entfernung der Klemme 60 bis 140 Euro.

POST

Die Post heißt in Holland PTT, die Ämter sind Mo–Fr 9–18 Uhr geöffnet, am Sa 9–12/13 Uhr. In den Bahnhöfen gibt es keine Post. Briefe und Postkarten innerhalb der EU: 1 hfl Porto.

TAXI

Taxis findet man an Bahnhöfen, Plätzen oder vor Hotels. Für eine Stadtfahrt von fünf Kilometern zahlt man etwa 9 Euro.

TELEFON

In Holland gibt es sowohl Münz- als auch Kartentelefone. Münztelefone nehmen 25 Cent, 1 oder 2,50 hfl an. Telefonkarten mit einem Wert von 10, 25 oder 50 hfl können Sie bei der Post, in vielen VVV-Büros und in einigen Kaufhäusern erwerben.

Landesvorwahl nach Deutschland: 0049, nach Österreich 0043, in die Schweiz 0041. Vorwahl nach Holland: 0031

TRINKGELD

Trinkgeld um die zehn Prozent ist üblich, aber nicht mehr als zehn Gulden. Wichtig: Das Personal in den öffentlichen Toiletten erhält 0,25 Euro.

WETTERVORHERSAGE

Für das gesamte Küstengebiet der Niederlande wurde eine kostenpflichtige Servicetelefonnummer eingerichtet, die über die aktuelle Wettersituation unterrichtet (0,45 Euro pro Minute). *Tel. 0900/97 25, www.wetternetz.de/Niederlande.html*

ZEITUNGEN UND ZEITSCHRIFTEN

Noch am Erscheinungstag erhält man an Bahnhöfen oder Kiosken vor allem in den touristischen Ballungsgebieten alle großen deutschsprachigen Tageszeitungen, Wochenzeitungen und viele Illustrierte.

ZOLL

Ausgeführt werden dürfen fast alle Güter, solange sie nicht für den Handel bestimmt sind; Waren zum persönlichen Gebrauch können von EU-Bürgern innerhalb der EU zollfrei ein- und ausgeführt werden. Für Schweizer gelten allerdings weiterhin Obergrenzen, z. B. 200 Zigaretten oder 50 Zigarren oder 250 g Tabak; weiterhin 2 l alkoholische Getränke unter 15 % oder 1 l Spirituosen, andere Waren zu Geschenkzwecken bis zu 100 CHF.

WETTER IN DEN HELDER

Die monatlichen Durchschnittswerte im Überblick

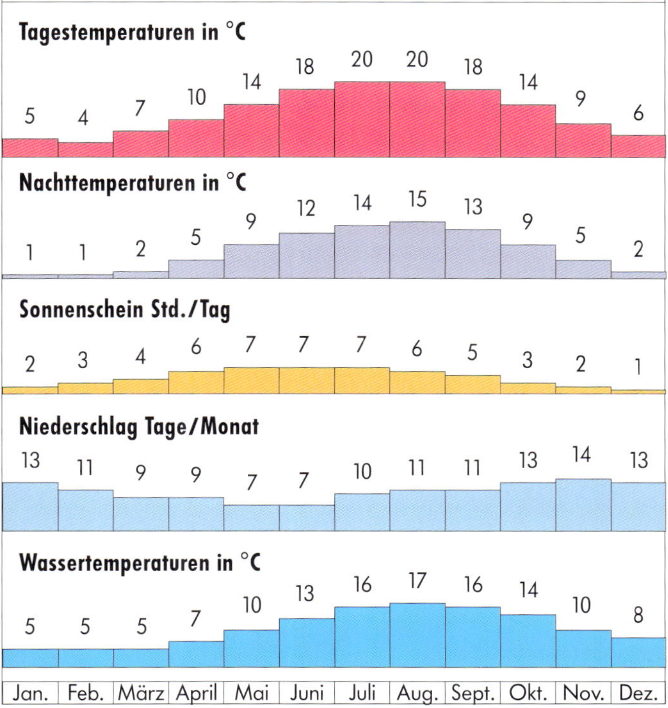

Bloß nicht!

Vom Naturschutz bis zum Parken: Ratschläge zum Verhalten, damit man nicht aneckt

Dünen beschädigen
Die Dünen bilden eine natürliche Schutzzone gegen die See. Das Betreten der Dünen ist abseits der Wege streng verboten. Zahlreiche Naturgebiete sind abgesperrt und nicht zugänglich. Klettern Sie nicht über Zäune, und beachten Sie die Hinweisschilder!

Vögel füttern
Eine große Unsitte ist es, Möwen oder Tauben zu füttern. Beide Vogelarten sorgen für massive Probleme, man sollte nicht noch durch Füttern zu ihrer Vermehrung beitragen. Außerdem finden die Vögel auch ohne Ihre »Spende« genügend zu fressen.

Rasen mit dem Auto
Die Polizei in Holland hat ein bestimmtes Soll an Strafzetteln, die sie verteilen muss, zu erfüllen. Die Geschwindigkeitsbegrenzungen werden daher streng kontrolliert. Die Bußgelder sind hoch und werden sofort eingezogen. Lassen Sie sich von einheimischen Autofahrern nicht provozieren, auch wenn diese Sie schneiden und überholen.

Gleich Deutsch sprechen
Nicht jeder Niederländer spricht Deutsch, vor allem unter den jungen Leuten ist Deutsch keine favorisierte Fremdsprache. Niederländer empfinden es als überheblich, wenn sie in Restaurants, auf der Straße oder im Geschäft auf Deutsch angesprochen werden. Machen Sie sich zunächst mit Englisch verständlich. Es hilft auch, vor der Reise einige alltägliche Wörter und kleine Sätze Niederländisch zu lernen. Man wird es Ihnen anrechnen. Schauen Sie in unseren Sprachführer!

Strandburgen bauen
Ein beliebtes Thema für Karikaturisten sind all jene dicken Touristen, die am Strand Sandburgen bauen. Das Bauen von Strandburgen ist verpönt. Halten Sie sich damit also besser zurück.

Falsch parken
Parkplatzknappheit herrscht in praktisch allen Küstenorten und in den Zentren der Städte. Wenn Sie einen freien Platz gefunden haben, vergewissern Sie sich, dass Sie nicht doch im Parkverbot stehen. Die Bußgelder sind hoch. Planen Sie einen Ausflug nach Amsterdam, nehmen Sie am besten die Bahn, auch am Wochenende herrscht dort lebhafter Verkehr, und es kommt immer wieder zu Staus.

Sprechen und Verstehen ganz einfach

Zur Erleichterung der Aussprache sind alle niederländischen Wörter mit einer einfachen Aussprache (in eckigen Klammern) versehen.

AUF EINEN BLICK

Ja./Nein.	Ja. [jaa]/Nee. [nee]
Vielleicht.	Misschien. [mischien]
Bitte.	*(Sie)* Alstublieft. [alstüblieft] *(Du)* Alsjeblieft. [alscheblieft]
Vielen Dank!	Dank u wel. [dank ü wel]
Gern geschehen.	Graag gedaan. [chraach chedaan]
Entschuldigung!	Neemt u mij niet kwalijk. [neemt ü mei niet kwalück]
Wie bitte?	Wat zegt u? [wat zecht ü]
Ich verstehe Sie/dich nicht.	Ik begrijp u/je niet. [ik bechreip ü/je niet]
Ich spreche nur wenig …	Ik spreek alleen maar 'n beetje … [ik spreek alleen maar n beetje …]
Können Sie mir bitte helfen?	Kunt u mij alstublieft helpen? [künt ü mei alstüblieft helpen]
Ich möchte …	Ik wil …/Ik zou graag … [ik wil …/ik sau chraach …]
Das gefällt mir (nicht).	Dat staat mij (niet) aan. [dat staat mei (niet) aan]
Wie viel kostet es?	Hoe duur is het?/Hoeveel kost het? [hu dühr is hett/hufeel kost hett]
Wie viel Uhr ist es?	Hoe laat is het? [hu laat is hett]

KENNENLERNEN

Guten Morgen!	Goedemorgen! [gujemorgen]
Guten Tag!	Dag!/Goedendag! [dach/chujedach]
Guten Abend!	Goedenavond! [chujenavont]
Hallo! Grüß dich!	Hallo!/Dag! [halloo/dag]
Mein Name ist …	Mijn naam is … [mein nahm is]
Wie ist Ihr Name, bitte?	Hoe heet u? [hu heet ü]
Wie geht es Ihnen/dir?	Hoe gaat het met u/jou? [hu chaht hett mett ü/jau]
Danke. Und Ihnen/dir?	Dank u wel. En met u/jou? [dank ü wel. En mett ü/jau]
Auf Wiedersehen!	Tot ziens! [tot siens]

UNTERWEGS

Auskunft

links/rechts	links/rechts [links/rechs]
geradeaus	rechtdoor [rechdoor]
nah/weit	dichtbij/ver [digbei/ver]
Bitte, wo ist …?	Waar is …? [wahr is …]
der Hauptbahnhof	het centraal station [het sentraalstaaschon]
die U-Bahn	de ondergrondse/de metro [de onderchrontse/de meetroo]
der Flughafen	de luchthaven/het vliegveld [de lüchthaafen/het vliechvelt]
Wie weit ist das?	Hoe ver is dat? [Hu ver is dat]
Ich möchte … mieten.	Ik ben van plan … huren. [Ik benn vann plann … te hüren]
… einen Wagen	… een wagen ['n waachen]
… ein Fahrrad	… een fiets ['n fiets]

Panne

Ich habe eine Panne.	Ik heb pech. [ik heb pech]
Würden Sie mir bitte einen Abschleppwagen schicken?	Wilt u mij alstublieft de sleepdienst/takeldienst sturen? [wilt ü mei alstüblieft de sleepdienst/taakldienst stüren]
Wo ist hier in der Nähe eine Werkstatt?	Waar is hier in de buurt een garage? [wahr is hier in de bürt een chraasche]

Tankstelle

Wo ist bitte die nächste Tankstelle?	Waar is het dichtsbijzijnde pompstation? [wahr is het dichsbeiseinde pompstaaschon]
Ich möchte … Liter …	Ik wil graag … liter … [ik wil chraach … lietr]
… Normalbenzin.	… gewone benzine. [chewohne bensiene]
… Super./Diesel.	… super./diesel. [süper/diesl]
… bleifrei/verbleit.	… loodvrij/verlood. [lootfrei/verloot]
Voll tanken, bitte.	Vol, alstublieft. [foll, alstüblieft]

Unfall

Hilfe!	Help! [helüpp]
Achtung!	Let op!/Pas op! [lett op/pas op]
Rufen Sie bitte schnell …	Belt u direct … [belt ü dierekt]
… einen Krankenwagen.	… een ziekenwagen. [n siekewaachn]
… die Polizei.	… de politie. [de poolietsie]
… die Feuerwehr.	… de brandweer. [de branntwehr]
Es war meine/Ihre Schuld.	Het was mijn/uw schuld. [het was mein/üw schült]
Geben Sie mir bitte Ihren Namen und Ihre Anschrift.	Geeft U mij alstublieft uw naam en uw adres. [cheeft ü mei alstüblieft üw nahm en üw adress]

ESSEN/UNTERHALTUNG

Wo gibt es hier …	Waar is hier … [wahr is hier …]
… ein gutes Restaurant?	… een goed restaurant? [ünn chut restoorant]
Gibt es hier eine gemütliche Kneipe?	Is er hier een gezellig kroegje? [is er hier ünn chesellich kruchje]
Reservieren Sie uns bitte für heute Abend einen Tisch für 4 Personen.	Wilt u (voor ons) voor vanavond een tafel voor vier personen reserveren? [wilt ü (fohr ons) fohr fanaafont ünn taafl fohr fier persoonen reeserfeern]
Auf Ihr Wohl!	Proost!/Op uw gezondheid! [proost/op üw chesontheit]
Die Rechnung, bitte.	De rekening, alstublieft. [de reekeninch, alstüblieft]

EINKAUFEN

Wo finde ich …?	War kun je … kopen? [wahr kün je … kopen]
eine Apotheke	een apotheek [ünn aapooteek]
eine Bäckerei	een bakkerij [ünn bakkerei]
Fotoartikel	fotoartikelen [footoo-artieklen]
ein Kaufhaus	een warenhuis [ünn wahrenheus]
ein Lebensmittelgeschäft	een kruidenier [ünn kreudenier]
einen Markt	een markt [ünn marückt]

ÜBERNACHTUNG

Können Sie mir bitte … empfehlen?	Kunt u mij … aanbevelen? [künt ü mei … aanbefeelen]
… ein gutes Hotel	… een goed hotel [een chut hootel]
… eine Pension	… een pension [een penschonn]
Haben Sie noch Zimmer frei?	Heeft u nog kamers vrij? [heeft ü noch kaamrs frei]
ein Einzelzimmer	een eenpersoonskamer [ünn eenpersoonskaamr]
ein Doppelzimmer	een tweepersoonskamer [ünn tweepersoonskaamr]
mit Dusche/Bad	met douche/bad [met dusch/batt]
mit Blick aufs Meer	met uitzicht op zee [met eutsicht op see]
für eine Nacht	voor een nacht [voor een nacht]
für eine Woche	voor een week [voor een week]
Was kostet das Zimmer mit …	Hoeveel kost logies met … [huveel kost looschies met]
… Frühstück?	… ontbijt? [onntbeit]
… Halbpension?	… halfpension? [halfpenschonn]

Arzt

Können Sie mir einen guten Arzt empfehlen?	Kunt u mij een goede dokter/arts aanbevelen? [künnt ü mei ünn chuje doktr/arrts aanbeveelen]
Ich habe hier Schmerzen.	Ik heb hier pijn. [ik hep hier pein]

Bank

Wo ist hier bitte …	Waar is hier … [wahr is hier]
… eine Bank?	… een bank? [ünn bank]
… eine Wechselstube?	… een wisselkantoor? [ünn wisselkantoor]
Ich möchte … DM (Schilling, Schweizer Franken) in Gulden umwechseln.	Ik wil … Duitse mark (schilling, Zwitserse francs) in guldens omwisselen. [ik will … D-mark (schilling, Switserse frank) in chüldens ommwisselen]

Post

Was kostet …	Hoeveel kost [huveel kost] …
… ein Brief …	… een brief [ünn brief] …
… eine Postkarte …	… een briefkaart [ünn briefkaart] …
… nach Deutschland?	… naar Duitsland? [naar Deutslant]

Zahlen

0	nul [nül]	19	negentien [neechentien]
1	één [een]	20	twintig [twintich]
2	twee [tweh]	21	één-en-twintig [een en twintich]
3	drie [drie]	30	dertig [dertich]
4	vier [vier]	40	veertig [veertich]
5	vijf [feif]	50	vijftig [feiftich]
6	zes [ses]	60	zestig [sestich]
7	zeven [seefen]	70	zeventig [seefentich]
8	acht [acht]	80	tachtig [tachtich]
9	negen [neechen]	90	negentig [neegentich]
10	tien [tien]	100	honderd [hondert]
11	elf [ellüff]	200	tweehonderd [twehhondert]
12	twaalf [twaalüff]	1000	duizend [deusent]
13	dertien [dertien]	10000	tienduizend [tiendeusent]
14	veertien [veertien]		
15	vijftien [feiftien]		
16	zestien [sestien]	1/2	een half [ünn half]
17	zeventien [seefentien]	1/4	een vierde, een kwart [ünn vierde, ünn kwart]
18	achttien [achtien]		

Spijskaart
Speisekarte

ONTBIJT	FRÜHSTÜCK
zwarte koffie [swarte koffie]	schwarzer Kaffee
koffie met melk [koffie met mellück]	Kaffee mit Milch
koffie zonder cafeïne [koffie sondr kafeine]	koffeinfreier Kaffee
thee met melk/citroen [tee met mellück/sitrun]	Tee mit Milch/Zitrone
kruidenthee [kreudentee]	Kräutertee
chocolademelk [schokolademellück]	Schokolade
vruchtensap [früchtensap]	Fruchtsaft
zachtgekookt ei [sachtchekookt ei]	weich gekochtes Ei
roerei [rurei]	Rühreier
eieren met spek [eiere mett speck]	Eier mit Speck
brood/broodje/toast [broot/brooche/toost]	Brot/Brötchen/Toast
boter [bootr]	Butter
kaas [kahs]	Käse
worst [worst]	Wurst
ham [hamm]	Schinken
honing [hooning]	Honig
jam [schemm]	Marmelade
müsli [müslie]	Müsli

VOORGERECHTEN	VORSPEISEN
ansjovis [anschofis]	Sardellen
ardenner ham met meloen [ardenner hamm met müllun]	Ardenner Schinken mit Melone
bokking [bokking]	Geräucherter Hering
garnalen [charnaalen]	Krabben
mosselen [mosselen]	Muscheln
oesters [usters]	Austern
paling [paaling]	Aal

SOEPEN	SUPPEN
bouillon [bujonn]	Fleischbrühe
groentesoep [chruntesup]	Gemüsesuppe
kippensoep [kippesup]	Hühnersuppe
heldere ossenstaartsoep [heldre ossestaartsup]	Klare Ochsenschwanzsuppe
tomatensoep [toomaatensup]	Tomatensuppe
uiensoep [euensup]	Zwiebelsuppe

VLEESGERECHTEN	FLEISCHGERICHTE
biefstuk [biefstück]	Beefsteak
blinde vinken [blinde finken]	Kalbfleischrouladen
kalfszwezerik [kalfssweeserik]	Kalbsbries
Lever [leefr]	Leber
ossentong [ossetong]	Ochsenzunge
varkenshaasje [farkenshaasje]	Schweinelende

GEVOGELTE EN WILD	GEFLÜGEL UND WILD
eend [eent]	Ente
gans [chans]	Gans
kalkoen [kalkun]	Truthahn
kip [kipp]	Huhn
konijntje [kooneinche]	Kaninchen

VIS EN SCHAALDIEREN	FISCH UND SCHALENTIERE
forel [foorell]	Forelle
garnalen [charnaalen]	Krabben
haring [haaring]	Hering
inktvis [inktfiss]	Tintenfisch
kabeljauw [kaabeljau]	Kabeljau
kreeft [kreeft]	Krebs
makreel [mackreel]	Makrele
mosselen [mosselen]	Muscheln
gebakken Paling [chebacken paaling]	Gebackener Aal
rivierkreeft [rievierkreeft]	Flusskrebs
schelvis [schellfiss]	Schellfisch
schol [scholl]	Scholle
stokvis [stockfiss]	Stockfisch
tarbot [tarbott]	Steinbutt
tonijn [toonein]	Thunfisch
zalm [sallümm]	Lachs
zeekreeft [seekreeft]	Hummer
zeetong [seetong]	Seezunge

BIJGERECHTEN	BEILAGEN
aardappelen [aardapplen]	Kartoffeln
gebakken aardappelen [gebacken aardapplen]	Bratkartoffeln
gekookte aardappelen [gekookte aardapplen]	Salzkartoffeln
friet [friet]	Pommes frites
rijst [reist]	Reis
gemengde sla [chemenchde slaa]	Gemischter Salat

GROENTEN	GEMÜSE
asperges [aspärsches]	Spargel
andijvie [andeivie]	Endivie
bonen [boonen]	Bohnen
doperwten [doppärten]	junge Erbsen
koolraap [kohlraap]	Kohlrabi
prei [prei]	Porree
spruitjes [spreuches]	Rosenkohl
witlof [vittloff]	Chicorée

KLEINE GERECHTEN	KLEINE GERICHTE
loempia [lumpja]	Lumpia, Frühlingsrolle
omelet [ommelät]	Omelette
pasteitje [pasteiche]	Pastete (mit Fleisch oder Gemüse)
salade [saalaade]	Bunter Salat
uitsmijter [eutsmeitr]	Strammer Max

STAMPPOT	EINTOPFGERICHTE
boerenkool met worst [burenkohl met worst]	Grünkohl mit Wurst
erwtensoep met worst [ertnsup met worst]	Erbsensuppe mit Wurst
hutspot [hüttspott]	Möhren, Kartoffeln und Lende
jachtschotel [jachtsgotel]	Wildklein mit Äpfeln und Kartoffelpüree
twaalfuurtje [twalefürsche]	kleine Lunchmahlzeit

NAGERECHTEN	NACHSPEISEN
ijs [eis]	Eis
ijskoffie [eiskoffie]	Eiskaffee
ijstaart [eistaart]	Eistorte
roomijs [rohmeis]	Sahneeis
slagroom [slachrohm]	Schlagsahne
citroenmousse [sitrunmus]	Zitronenmousse
compote [kommpott]	Kompott
flensjes [flensches]	Crêpes
fruitsalade [freutsaalaade]	Obstsalat
gember mit room [chembr met rohm]	Ingwer mit Sahne
pannenkoek [pannekuk]	Pfannkuchen
poffertjes [poffertjs]	Kleinste Pfannkuchen mit Puderzucker

Dranken
Getränkekarte

ALCOHOLISCHE DRANKEN	ALKOHOLISCHE GETRÄNKE
bier [bier]	Bier
bier van het vat [bier van het fatt]	Fassbier
drooge wijn [drooche wein]	trockener Wein
flessenbier [flessebier]	Flaschenbier
bittertje [bittertje]	Genever mit Angostura
berenburger [beerenbürcher]	Kräuterschnaps
brandewijn [brandewein]	Weinbrand, Cognac
jenever [jenevèr]	Genever
witbier [wittbier]	Weizenbier
champagne [schampanje]	Sekt
likeur [liekör]	Likör
wijn [wein]	Wein

FRISDRANKEN	ALKOHOLFREIE GETRÄNKE
cacao [kakau]	Kakao
chocolademelk [schokolademellück]	Schokolade
koffie [koffie]	Kaffee
koffie met melk [koffie met melk]	Kaffee mit Milch
koffie zonder cafeïne [koffie zondr kafeïne]	koffeinfreier Kaffee
thee [tee]	Tee
limonade [liemoonaade]	Limonade
melk [mellück]	Milch
karnemelk [karrnemellück]	Buttermilch
mineraalwater/bronwater [mieneraalwaatr/bronwaatr]	Mineralwasser
bruisend [broisend] (met bubbeljes) [met bübbeltches]	mit Kohlensäure
sinaasappelsap [sienaasapplsap]	Orangensaft
tomatensap [toomaatensap]	Tomatensaft
appelsap [appelsap]	Apfelsaft
vruchtensap [früchtensap]	Fruchtsaft

Reiseatlas Holländische Küste

Die Seiteneinteilung für den Reiseatlas finden Sie auf dem hinteren Umschlag dieses Reiseführers

A
B
C
1
2
3
4
5
6
NOORD-
ZEE
5 km
Waddeneilanden
Vlieland
Eijerlandse Gat
Texel
De Cocksdorp
De Koog
Oosterend
De Waal
Den Burg
Oudeschild
Den Hoorn
Noorderhaaks
Marsdiep
DEN HELDER
Huisduinen
N250
De Kooy
Amsteldiep
Wieringen
Den Oever
Oosterland
Hippolytushoef
De Zandloper
Julianadorp
Breezand
Van Ewijcksluis
Westerland
N99
18
Amstel-meer
Wieringermeer
Gelderse Buurt
Anna Paulowna
Groote Keeten
Oude Veer
N249
N240
kanaal
Callantsoog
't Zand
Wieringerwaard
Nieuwesluis
Slootdorp
Wieringerwerf
Middenmeer
Zwanenwater
Stolpen
Oude
116
110
NOORD
Wadd
Wa
gr
Badp.

112

D
E
F
1
2
3
4
5
6
Richel
Griend
Kornwerder
Zand
Breezand
Harlingen
Oosterbierum
Sexbierum
N 393
Pietersbierum
Wijnaldum
Midlum
Herbayum
Van Harinxma
Hitzum
Achlum
Kimswerd
Arum
N 31
Pingjum
Zurich
Witmarsum
Waaksens
Cornwerd
Wons
Schettens
Schraard
Lorentzsluizen
Kornwerderzand
Makkum
Bolswarder
Bolsward
Exmorra
Allingawier
Idsegahuizum
Piaam
Parrega
Gaast
Ferwoude
Hieslum
N359
Sandfirden
Workum
Brandeburen
Hindeloopen
Koudum
Oudega
Molkwar
Morra
Hemelum
Staveren
Warns
Bakhuizen
Rijs
Mirns
Laaksum
Afsluitdijk
A 7
E22
Breezanddijk
Monument
Haven op de Oude Zeug
Fluessen

117

A
B
C
1
2
3
4
5
6
5 km
Waddeneilanden
Terschelling
Badpaviljoen
Lies
Hoorn
Oosterend
Midsland
Landerum
Baaiduinen
West-Terschelling
Terschellinger
Wad
Wadd
Vliestroom
½h
1¾h
Richel
Griend
St.
Firdgum
Oosterbierum
Sexbierum
N 393
N 384
Pietersbierum
Dongjum
Franeker
Wijnaldum
Midlum
Herbayum
Franeke
Van Harinxma-
Harlingen
Hitzum
Achlum
Kimswerd
Arum
Lollum
Kornwerder
N 31
Pingjum
Zurich
Witmarsum
Waaksens
Zand
Zurich
Kn. Zurich
Wons
Schettens
Cornwerd
Schraard
F
Hichtum
Lorentzsluizen
Kornwerderzand
Bolsward
Bolswarder
Makkum
Exmorra
Idsegahuizum
Allingawier
Tjerkwerd
A 7
E22
Piaam
Wolsum
Breezanddijk
Blauwhu
Parrega
Dedgum
Westhem
Gaast
Ferwoude
Hieslum
Afsluitdijk
30
Breezand
N359
Sandfirden
117
112
Workum
Monument
Zee

D
E
F
Ameland
Buren
Nes
Hollum
Ballum
Engelsmanplaat
1
Waddenzee
Friese Wad
Wierum
Ternaard
Holwerd
N 357
N 358
Hantum
Hantumhuizen
Blije
Waaxens
Brantgum
Wetzens
2
Ferwert
Vaardeburen
Foudgum
Aalzum
Hegebeintum
Lichtaard
Bornwird
N 356
Westernijtsjerk
Marrum
Ginnum
Raard
Reitsum
Dokkum
Nieuwe Bildtdijk
Jislum
Sybrandahuis
Oude Bildtzijl
Hallum
Rinsumageest
Wânswert
Damwoude
Burdaard
Oude Bildtdijk
Hijum
N 361
St. Annaparochie
Bartlehiem
Broeksterwoude
Finkum
Aldtsjerk
Vrouwenparochie
N 393
De Valom
Stiens
Roodkerk
3
Staniastate
Britsum
Wyns
Oentsjerk
Veenwouden
Wier
Berlikum
Mûnein
Schierstins
Cornjum
Beetgumermolen
Jelsum
Miedum
Gytsjerk
N 383
Feanwâldsterwâl
Beetgum
N 357
Lekkum
Ryptsjerk
Snakkerburen
Menaldum
Engelum
Noardburgum
Popta Slot
Marssum
Hurdegaryp
Slappeterp
Marssum
Tytsjerk
Schingen
Dronrijp
LEEUWARDEN
Burgum
Dronrijp
Deinum
Suwâld
Prinses
Sumar
N 31
4
35
Blessum
Hempens
Goutum
2007
Garyp
Boxum
Baaium
Warstiens
2002
N 356
Jellum
Hilaard
Wirdum
Warten
29
Hûns
Bears
N 31
Wergea
Jorwert
Baard
Wijtgaard
Earnewâld
Weidum
Easterlittens
Eagum
28
Oudega
Mantgum
Reduzum
Oude Venen
Idaerd
N 384
24
Princenhof
Sneek
Easterwierrum
15
Wommels
Britswert
Wiuwert
Friens
Wijde Ee
Itens
A32
Rien
Boazum
Raerd
Grou
5
N 354
14
Lytsewierrum
Poppenwier
Grou
Pikmeer
Dearsum
Jirnsum
Boornbergum
Tersoal
Prinses
Nij Beets
Tirns
Scharnegoutum
Sibrandabuorren
Botmeer
Gauw
Goënga
Akkrum
Aldeboarn
Terherne
13
Akkrum
N 392
IJsbrechtum
Sneekermeer
Terkaplester Poelen
Tijnje
SNEEK
37
Terkaple
27
Tijnje
Oosthem
Oppenhuizen
Goingarijp
Gersloot
6
IJlst
Haskerdijken
E22
Uitwellingerga
Akmarijp
Vegelinsoord
Tjalleberd
Luxwoude
Jutrijp
Nieuwebrug
Luinjeberd
263
Tjalleberd
113
119
Hommerts
13
Heerenveen West
Kn. Heerenveen
Langezwaag
Lytshuzen
Langweerder Wielen
26
De Knipe
N354
Oudehaske
7

A
B
C
5km
1
2
3
4
5
6
Waddeneilanden
Schiermonnikoog
Simonszand
Engelsman-
plaat
Friese Gat
Wadden
Groninge
Pieterb
Kleine Huisjes
Hornhuizen
Kruisweg
Moler
Kloosterburen
Moddergat
Nes
Nijkerk
Lioessens
Oostmahorn
N 358
N361
Lauwersmeer
Hantum-
huizen
Niawier
Morra
Anjum
Metslawier
Ezumazijl
Vierhuizen
Ulrum
Grijssloot
Wehe-
Den Hoo
Leens
Niekerk
Warfhuizen
Zoutkamp
Zuurdijk
Aalzum
Oostrum
Ee
Houwerzijl
Lauwerzijl
Dokkumerdiep
Engwierum
Dokkumer Nieuwe
Zijlen
Kollumerpomp
Saaksum
Wouterswoude
Munnekezijl
Warfstermolen
Oldehove
Driesum
Vaart
Westergeest
Kommerzijl
Niehove
104
Oudwoude
Kollum
Burum
Pieterzijl
N 388
Niezijl
Nieuwe
Kollumer-
zwaag
Veenklooster
Augsbuurt
Lutjewoude
Visvliet
Grijpskerk
Noordhorn
Zwaagwesteinde
Buitenpost
Gerkesklooster
kanaal
Briltil
Starkenborgh-
Westerzand
Twijzelerheide
Twijzel
van
Lutjegast
Oldekerk
Niekerk
Stroobos
Wieren
57
Feanwâldsterwâl
N355
Sebalde-
buren
Enum
GRO
kanaal
Augustinusga
Noardburgum
Kootstertille
Grootegast
Oostwol
Jistrum
Surhuizum
N 388
Bergumer
meer
Margr
Drogeham
Doezum
Schuilenburg
Harkema-
Opeinde
Boerakker
34
Leek
Sumar
Hoogzand
Surhuisterveen
Kornhorn
Midwolde
N 369
Boerakker
Opende
Noordwijk
33
Tolbert
Nienoord
Eastermar
Boelens-
laan
N 358
Marum
A7
Niebert
Leek
Houtigehage
De Leijen
Rottevalle
32
Nuis
N372
E22
Coendersborgh
Nijega
Opeinde
Marum
6
Frieschepalen
Drachtster-
compagnie
31
Zeven-
huizen
Nieuw-
Roden
Oudega
De Haar
De Wilp
5
DRACHTEN
30
Oosterwolde
Frieschepalen
Steen-
bergen
Ureterp
De Wilgen
In. De Haven
29
Siegerswoude
Bakkeveen
Een
Boornbergum
Korte Hemmen
Haulerwijk
Wester
ANN
119
114
Oud
Beets
28
Beetster-
zwaag
N 381
Waskemeer
woude
Veenhuizen

D
E
F
Rottumerplaat
Rottumeroog
Borkum
Ranzelgat
1h
1
Wad
Uithuizer
Eems
Eemshaven
Oudeschip
Hefswal
Roodeschool
N 33
2
Niekerkje
Uithuizermeeden
Oosternieland
Menkema-borg
Usquert
Oostervalge
Westernieland
Uithuizen
Oldenzijl
Kolhol
17
Spijk
Doodstil
Zijldijk
Warffum
Wester-valge
Rottum
Zandeweer
Losdorp
Bierum
Den Andel
N 363
Eppenhuizen
Godlinze
Garsthuizen
't Zandt
Rasquert
Kantens
Nansum
Stitswerd
Ewsum
Krewerd
Holwierde
Baflo
Tinallinge
Toornwerd
Wester-emden
Zeerijp
Leermens
Uitwierde
Middelstum
Eenum
Oosterwijtwerd
Marsum
Biesum
Huizinge
Loppersum
Jukwerd
Obergum
Onder-dendam
Tjamsweer
Delfzijl
Winsum
32
N 46
Wirdum
Wirdumerdraai
Ekenstein
Westerdijks-horn
Stedum
Winnemeer
Appingedam
Garnwerd
27
Garrelsweer
Wetsinge
Sauwerd
Bedum
St. Annen
Lellens
Ten Post
Kanaal
Meedhuizen
N 360
Wittewierum
Tjuchem
Obstum
Ellerhuizen
Lutjewolde
Ten Boer
Damster-diep
Overschild
Achter-thesinge
Woltersum
Steendam
Adorp
Noord-wolde
20
N 361
Thesinge
Schildmeer
N 33
Zuidwolde
Eems-
4
Garmerwolde
Siddeburen
Dorkwerd
GRONINGEN
Hellum
Oostwo
Schildwolde
Ruischerbrug
Hamweg
N 387
Leegkerk
Oosterhoogebrug
Hoogkerk
Knoopp. Europa-plein
Middel-bert
Hark-stede
Fraeylemaborg
N 28
N 46
GRONINGEN
Roodehaan
Slochteren
Westerb.
Engelbert
Noordbroek
Scharme
Knoopp. Julianaplein
39
A 7
35
36
Water-huizen
Kolham
Hoogkerk
Wester-broek
25
Essen
Winschoterdiep
Zuid-broek
Noord-broek
Uiterb
N 372
Eelderwolde
Achterdiep
Foxhol
40
Hoogezand
Heiligelaan
Paterswoldse Meer
41
42
43
Haren
38
Sappemeer
Foxhol
Zuidbro
Hoogezand
Sappemeer
Tusschenk
Onnen
Tusschen
Eelde-Paterswolde
Harener-molen
Kropswolde
Kleinemeer
Trips-compagnie
A 28
Zuidlaarder-meer
N 386
Peize
Vogelzang
32
Kalkwijk
Muntendam
Glimmen
Borger-compagnie
Roden
N 386
Eelde
37
Wolfsbarge
Noordlaren
Kiel-Windeweer
Bunne
De Punt
36
Zuidlaren
De Groeve
IJde
Midlaren
Zuidlaren
Zuidlaarderveen
N 385
Donderen
28
Laarwoud
E232
14
Oud Annerveen
Annerveensche Kanaal
Vries
35
Tynaarlo
Vries
Spijkerboor
Wilder
31
Zeegse
N 372
31
Eexterveen
Zeyen
Ubbena
Hunze
Annen
Bareveld
6

A
B
C
110
Noorderhaaks
Marsdiep
DEN HELDER
Huisduinen
5 km
N 250
De Kooy
Amsteldiep
Wieringen
Hippolytushoef
De Zandloper
Julianadorp
Breezand
Van Ewijcksluis
Westerland
N99
Amstel-meer
Wieringer
Gelderse Buurt
Anna Paulowna
Groote Keeten
N 249
N 240
Kanaal
Callantsoog
't Zand
Wieringerwaard
Nieuwesluis
Oudesluis
NOORD
Zwanenwater
Stolpen
Middenmeer
Schagerbrug
N248
Schagen
Kolhorn
St. Maartenszee
St. Maartensbrug
N242
Barsingerhorn
N9
Noordhollands
St. Maarten
Petten
N 245
Haringhuizen
Lutjewinkel
Hondsbosse Zeewering
Burgervlotbrug
Burgerbrug
Stroet
Dirkshorn
N 241
Zijdewind
Winkel
N 239
't Veld
Lambertschaag
Tuitjenhorn
Aartswoud
Camperduin
Krabbendam
Kalverdijk
Waarland
Nieuwe Niedorp
Abbekerk
Warmenhuizen
Hoogwoud
Groet
Catrijp
Oudkarspel
Oude Niedorp
Gouwe
Schoorldam
Noordscharwoude
Opmeer
Sijbekarspel
Schoorl
Veenhuizen
N241
Aagtdorp
Zuidscharwoude
Spanbroek
Broek op Langedijk
Koedijk
N 245
Bergen
HEERHUGOWAARD
Obdam
Bergen aan Zee
N9
St. Pancras
Hensbroek
HOLLAND
Wogmeer
Wimmenum
N242
Spierdijk
Oterleek
Berkhout
Avenhorn
Oudorp
ALKMAAR
Rustenburg
Ursem
De Goorn
Egmond aan Zee
Egmond a/d Hoef
Stompetoren
Avenhorn
Grosthuizen
Rinnegom
Schermerhorn
HEILOO
Schermer
N 243
Oudendijk
Beets
Egmond-Binnen
N 224
N 203
Noordbeemster
Limmen
Grootschermer
Westbeemster
Graft
Beemster
A9
Bakkum-Noord
Akersloot
N244
De Rijp
A7
Castricum aan Zee
CASTRICUM
Akersloot
Westgraftdijk
Middenbeemster
Alkmaardermeer
Oostgraftdijk
Uitgeest
Noordhollands
Purmerend Noord
121
Marquette
Krommeniedijk
116
Knollendam
Kwadijk
Zuidoostbeemster
Purmerend
HEEMSKERK
Assumburg
Kennemer Duinen
Noordhollands

D
E
F
30
Afsluitdijk
Monument
15
Breezand
112
Workum
Ferwoude
Brand
Hindeloopen
Koudum
Molkwar
Morra
Hemelu
Staveren
Warns
Bakhuizen
Laaksum
Stevinsluizen
Gemaal Leemans
137
Haven op de Oude Zeug
Kreileroord
der
D
V-IX
IJSSELMEER
N 240
Gemaal Lely
Medemblik
Radboud
IV-X
Opperdoes
Twisk
Onderdijk
Andijk
Oostwoud
Wervershoof
N 240
Midwoud
Hauwert
(Oost)
Zwaagdijk
Boven-
karspel
Enkhuizen
Urk V-IX
Lutjebroek
Westwoud
Hoogkarspel
N302
Nibbixwoud
Stede Broec
Zwaagdijk
Zwaag (West)
Blokker
Hem
Venhuizen
N
D
Schellinkhout
Oosterleek
47
N302
HOORN
Wijdenes
Hoornse Hop
VI-VIII
VI-VIII
Markermeer
117
122
LELY
Gemaal
1
2
3
4
5
6

zand
Ferwoude
Hieslum
E22
Uitwellinge
A
B
C
112
Workum
Sandfirden
Oudega
Jutrijp
Hommerts
Lytshuzen
13
N354
Langweerder Wielen
Gaastmeer
Heeg
Heeger-meer
25
Koevorder-meer
Langwe
Scharste
Brandeburen
Woudsend
Fluessen
Friese Meren
Idskenhuizen
Hindeloopen
Elahuizen
Sloter-meer
Noed
Koudum
Tjerkgaast
Doniaga
Oudega
Harich
Balk
Molkwar
Morra
Gaasterland
Follega
Sloten
Hemelum
Wijckel
taveren
Ruigahuizen
Sondel
N359
Groote Brekken
Warns
Bakhuizen
Rijs
Mirns
Laaksum
Nijemirdum
Oudemirdum
Lemmer
Rutten
Lemstervaart
EER
Creil
Bant
Noordoos
Espel
Emmeloord
Enkhuizen V-IX
Tollebeek
Urk
N351
Urkervaart
N352
Nage
A6
26
47
N302
Ketelbrug
Swifterbant
Kete
VI-VIII
Flevocentrale
Swiftervaart
Gema
Ketelhave
5 km
Swifterbant
N307
Lelystad Noord
Hoorn VI-VIII
LELYSTAD
Dronten
Houtribsluizen
122
118
Lage Vaart
Gemaal

113
119
123
86
43
Gorredijk
Jubbega
Hoornsterzwaag
Makkinga
Jubbega-Schurega
Haskerdijken
Vegelinsoord
Tjalleberd
Luxwoude
Nieuwebrug
Luinjeberd
Terband
Korte-zwaag
Heerenveen West
Heerenveen
Langezwaag
De Knipe
Oudehorne
Oudehaske
HEERENVEEN
Katlijk
Heerenv. Centr.
Oranjewoud
Heerenv. N.
Joure
Haskerhorne
Oudehaske
Rottum
Oosterhaule
Nieuwehorne
Nijeberkoop
Nieuweschoot
Heerenveen Zuid
Mildam
Oldeberkoop
Elsloo
Sintjohannesga
Rotsterhaule
Tjongerkanaal
Tjonger
Boijl
Ter Idzard
Nijeholtpade
Nijeholtwolde
Noordwolde
Oldeholtpade
Rotstergaast
Delfstrahuizen
De Hoeve
Wolvega
Oldelamer
Sonnega
Vinkega
Echtenerbrug
Steggerda
Oldetrijne
Wilhelminaoord
Vledder
Munnekeburen
Peperga
Frederiksoord
Langelille
Nijetrijne
Linde
De Blesse
Blesdijke
Nijensleek
Scherpenzeel
Oldemarkt
Kuinder
Schoterzijl
Willemsoord
Eesveen
Steenwijk-Noord
Slijkenburg
Ossenzijl
Paasloo
Steenwijk
Kallenkote
Kuinre
Tuk
Steenwijk
Zuidveen
Onna
Havelterberg
Steenwijk Zuid
Overcinge
Blankenham
Wetering
Nijeveense Bovenboer
Nijeveen
Luttelgeest
Kolderveense Bovenboer
Giethoornse Meer
Kolderveen
Havelte
Blokzijl
Giethoorn
Marknesse
Wanneperveen
MEPPEL
Zwolsevaart
Vollenhover-meer
Groote Leeuwte
Beulaker wijde
Kl.-Leeuwte
Ronduite
Belterwijde
Ensevaart
Vollenhove
Toutenburg
St. Jans-klooster
Meppelerdiep
Meppel-Zuid
Heetveld
De Belt
Schutsloot
Kn. Lankhorst
Kraggenburg
Barsbeek
Staphorst
Zwartsluis
Ens
Zwarte Meer
Genemuiden
Zwartewater
Rouveen
Kamper Eiland
E232
Kamperzeedijk
Grafhorst
Polder
Hasselt
Nieuwleusen
IJssel
Vossemeer
Mastenbroek
IJsselmuiden
KAMPEN
Oosterholt
Mastenbroek
Langenholte
Haerst
's-Heerenbroek
ZWOLLE
Zw.-Noord
Ommen
Wilsum
Westenholte
Frankhuis
Zalk
Berkum
Berkum-Veldhoek
Kamperveen
Zw.-Zuid
A 7
A32
A28
N 392
N 353
N 380
N 351
N 333
N 334
N 331
N 375
N 352
N 50
N 306

A
B
C
5 km
1
2
3
4
5
6
Newcastle 16h
NOORD-
ZEE
Castricum aan Zee
HEEMS
Wijk aan Zee
Velsen-Noo
Sluis
IJMUIDEN
Driehui
Nationaalpark de Kennemer-duinen
Santpo
Bloemendaal
Bloemendaal aan Zee
N 200
Circuit Zandvoort
Overveen
HAARLEM
Zandvoort
Bentveld
N 201
Aerdenhout
N 206
Amsterdamse Duinwaterleiding
Vogelenzang
N208
22
De Zilk
Hillegom
Beins
Nieuw Venne
Keukenhof
Noordwijkerhout
Lisse
N 207
Lisserbroek
d' Ever
NOORDWIJK AAN ZEE
26
Kaag-Dorp
NOORDWIJK
Sassenheim
Teijlingen
A44
Noordwijkerhout
Voorhout
KATWIJK AAN ZEE
Kaag
Aquaduct
NieuweWeteri
Kagerplassen
Roelofarendsveen
KATWIJK
Rijnsburg
Oud-Ade
Warmond
Katwijkse Duinen
Valkenburg
Oud-Poelgeest
OEGSTGEEST
Rijpwetering
Hoogmade
LEIDEN
Rijksdorp
Haagse Schouw
Leiderdorp
WASSENAAR
Den Deijl
Huis ter Wadding
Koudekerk a/d Rijn
Zoeterwoude
VOOR-SCHOTEN
Zoeterwoude-Dorp
Pier
SCHEVENINGEN
N44
Duivenvoorde
Weipoort
A4
Zoeterwoude
Madurodam
Kerkehout
N 206
Rijn
N209
AAG
HAGE)
LEIDSCHENDAM
Huis ten Bosch
Hazerswoud
E19
Stompwijk
Gelderswoude
ZOETERMEER
VOORBURG
Benthuizen
WADDI
125
120

116
121
127
D
E
F
1
2
3
4
5
U
T
R
Akersloot
De Rijp
Westgraftdijk
Middenbeemster
Middelie
Oostgraftdijk
Uitgeest
Krommeniedijk
Oost-Knollendam
West-Knollendam
Kwadijk
Zuidoostbeemster
Edam
Castricum
Assumburg
KROMMENIE
Jisp
Neck
PURMEREND
Wormer
WORMERVEER
Purmerbuurt
BEVERWIJK
Purmerland
Purmer
ZAANDIJK
ASSENDELFT
Zaanse Schans
Ilpendam
VELSEN-ZUID
WESTZAAN
Knooppunt Zaandam
Monnickendam
KOOG A/D ZAAN
Den Ilp
Waterland
ZAANSTAD
Oostzaan
Broek i.W.
ZAANDAM
Landsmeer
Zuiderwoude
Noordzeekanaal
Tuindorp Oostzaan
Spaarndam
Ruigoord
Zunderdorp
Spaarnwoude
Ransdorp
Haarlemmerliede
Schellingwoude
Halfweg
Durgerdam
Zwanenburg
IJ-meer
Boesingheliede
OSDORP
AMSTERDAM
Lijnden
Vijfhuizen
Sloten
Diemen
Muiden
Badhoevedorp
Duivendrecht
Haarlemmermeer
BIJLMERMEER
Schiphol
AMSTELVEEN
Weesp
Ouderkerk
Rozenburg
Bovenkerk
AALSMEER
Amstelland
Nigtevecht
Aalsmeerderbrug
Abcoude
Rijsenhout
Nederhorst den Berg
Baambrugge
Vrouwentroost
Westeinder Plas
Uithoorn
Loenersloot
Vreeland
De Kwakel
Burgerveen
Kudelstaart
Waverveen
Vinkeveen
Leimuiden
Vrouwenakker
Bilderdam
Mijdrecht
Loenen
De Wetering
Rijnsaterwoude
Nieuwveen
De Hoef
Nieuwersluis
Wilnis
Langeraar
Zevenhoven
Papenveer
Nieuwer Ter Aa
Ter Aar
Noorden
Breukelen
Portengensebrug
Nijenrode
Gunterstein
Oudaen
Korteraar
Woerdense Verlaat
Nieuwkoop
Maarssen
Aarlanderveen
Kockengen
ALPHEN A/D RIJN
Kanis
De Haar
Zegveld
Haarzuilens
Vleuten
Meije
Kamerik
Zwammerdam
UTRECHT
WOERDEN
Bodegraven
Harmelen
De Meern
Oude Rijn
Barwoutswaarder
Boskoop
Nieuwerbrug
Linschoten
Oud-Reeuwijk
Knooppunt Oudenrijn
A1
A2
A4
A5
A7
A8
A9
A10
A12
A200
A205
E19
E22
E25
E30
E35
N200
N201
N202
N203
N207
N212
N231
N244
N246
N247

Markermeer
A
B
C
1
5 km
LELY
Houtribsluizen
Gemaal Wortman
Lelystadhaven
Noordersluis
Edam
Volendam
Gouwzee
Kerkbuurt
Marken
Havenbuurt
FLEV
Oostvaardersplassen
Uitdam
Gemaal
De Blocq van Kuffeler
Pampushaven
Almere-Buiten
Almere Buiten-Oost
Zuidelijk Flevol
Almere-Stad
Almere Buiten-West
Pampus
RDAM
Almere Stad
Vogelweg
Muiderslot
Muiderzand
Almere Stad-West
Muiderberg
Almere-Haven
Gooimeer
Waterlandseweg
Knoopp. Muiderberg
Naarden-West
Weesp
Naarden
HUIZEN
Eemmeer
BUSSUM
Blaricum
Ankeveen
Laren
Eemnes
Eemdijk
Spakenburg
Nederhorst-den Berg
Schaep en Burgh
Boekestein
's-Graveland
Bunschoten
HILVERSUM
Trompenburg
Kortenhoef
Soest
Eembrugge
Holk
Groeneveld
Baarn
Oud-Loosdrecht
Amersfoort-Noord
Nieuw-Loosdrecht
Hilversum
Soestdijk Paleis
Sijpestein
Hoogland
Drakensteyn
Breukeleveen
Hollandsche Rading
Lage Vuursche
Soestdijk
Hooglanderveen
Knooppunt Hoevelaken
Hoevelaken
Tienhoven
Oud-Maarsseveen
Westbroek
SOEST
Maartensdijk
Amersfoort
Stoutenburg
Den Dolder
Soestduinen
AMER
Bilthoven
Soesterberg
Leusden
Leusden-Zuid
Oud-Zuilen
Groenekan
Oud-Leusden
LEUS
ECHT
Bosch en Duin
Huis ter Heide
Leusderheide
De Bilt
ZEIST
Den Dolder
De Uithof
Pyramide
Geerestein
Woudenberg
Knoopp. Rijnsweerd
Austerlitz
Utrecht-Centr.
Nieuwegein
Bunnik
Maarn
Maarsbergen
Odijk
Knoopp.
A6
A27
A1
A28
A12
E231
E30
E35
E25
N27
N301
N302
N201
N199
N221
N234
N230
N238
N227
N226
N224

117
127

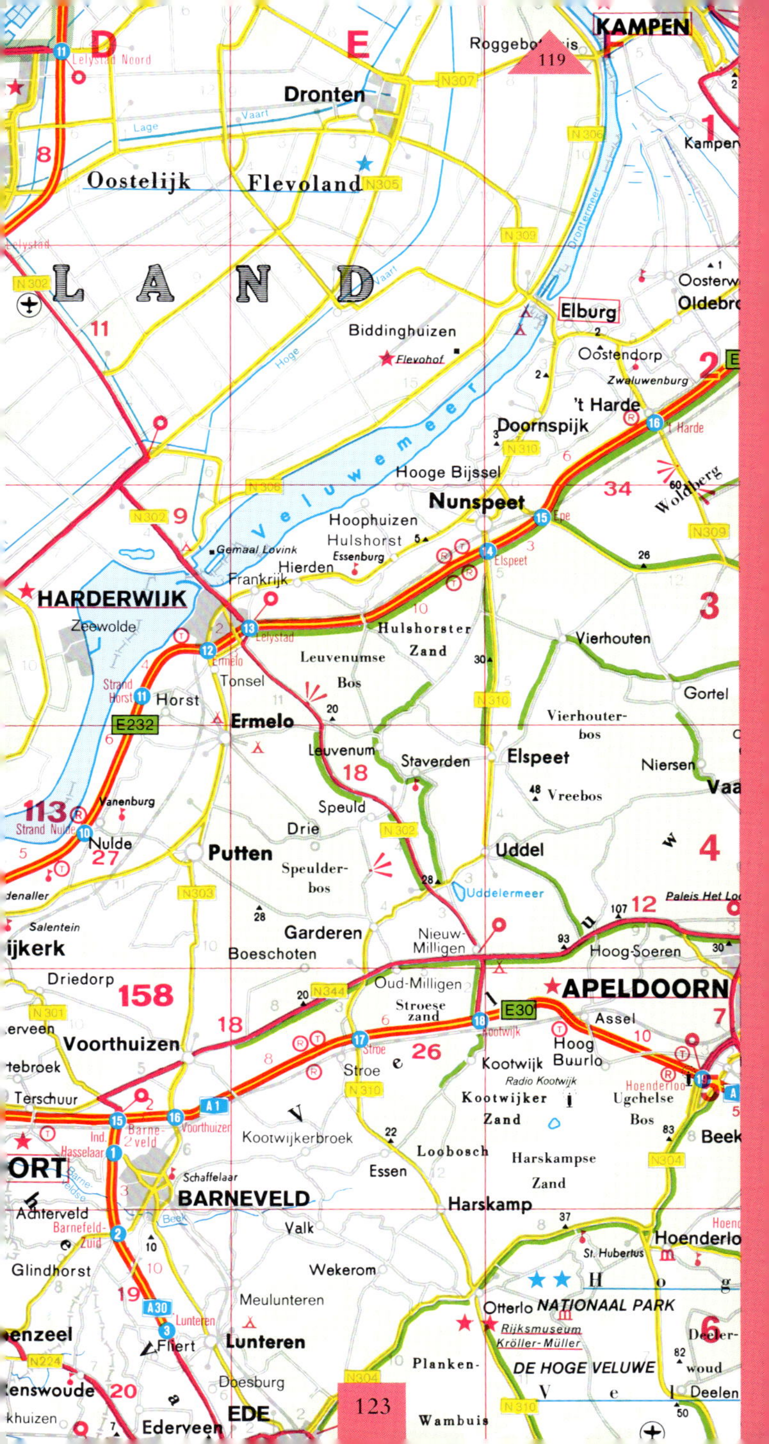

KAMPEN
Roggebotsluis
119
Dronten
Lelystad Noord
Lage Vaart
Oostelijk Flevoland
Kampen
Oosterwolde
Oldebroek
L A N D
Lelystad
Biddinghuizen
Flevohof
Hoge Vaart
Elburg
Oostendorp
Zwaluwenburg
't Harde
Doornspijk
Drontermeer
Veluwemeer
Hooge Bijssel
Nunspeet
Woldberg
Hoophuizen
Hulshorst
Essenburg
Gemaal Lovink
Hierden
Frankrijk
HARDERWIJK
Zeewolde
Hulshorster Zand
Leuvenumse Bos
Vierhouten
Gortel
Tonsel
Horst
Strand Horst
Ermelo
Leuvenum
Staverden
Elspeet
Vierhouter-bos
Niersen
Vreebos
Vanenburg
Speuld
Drie
Nulde
Strand Nulde
Putten
Speulder-bos
Uddel
Uddelermeer
Paleis Het Loo
Salentein
Garderen
Nieuw-Milligen
Boeschoten
Hoog-Soeren
Driedorp
Oud-Milligen
APELDOORN
Stroese zand
Assel
Voorthuizen
Stroe
Kootwijk
Hoog Buurlo
Terschuur
Radio Kootwijk
Hoenderloo
Kootwijker Zand
Ugchelse Bos
Barneveld
Voorthuizen
Hasselaar
Kootwijkerbroek
Beek
Schaffelaar
Loobosch
Harskampse Zand
Essen
BARNEVELD
Harskamp
Achterveld
Barneveld-Zuid
Valk
Hoenderloo
St. Hubertus
Glindhorst
Wekerom
Meulunteren
Otterlo
NATIONAAL PARK
Rijksmuseum Kröller-Müller
DE HOGE VELUWE
Lunteren
Flierf
Lunteren
Deeler-woud
Doesburg
Planken-Wambuis
Deelen
EDE
Ederveen
123
E232
E30
A1
A30
N302
N305
N306
N307
N309
N310
N303
N344
N301
N304
N224

A
B
C
1
2
3
4
5
6
5 km
Kingston upon Hull 14h
Harwich 4h
NOORD-
ZEE
MAASVLA
N15
21
Oost
V o
Rockanje
Haringvlietdam
Hinder
Havenhoofd
Goeree
Goedereede
Stellendam
West Nieuwland
Ouddorp
20
Oudeland
Springers Diep
25
N57
Oosterzand
Brouwersdam
Brouwershavense Gat
Melissant
Grevelingen
Scharendijke
Den Osse
Moermont
Renesse
Ellemeet
Loopers-kapelle
Brouwershaven
23
Noordwelle
Elkerzee
Zonnemaire
Herkinge
Nieuw Haamstede
Schouwen
Serooskerke
33
Burgh-Haamstede
Haamstede
Moriaanshoofd
Noordgouwe
Kerkwerve
Dreischor
12
Westenschouwen
Burghsluis
Hammen
Schuddebeurs
Sirjansland
18
16
Nieuwerkerk
Zierikzee
Oosterland
N59
Oosterscheldedam
Duiveland
Ouwerkerk
Vianen
Vuil
N56
128

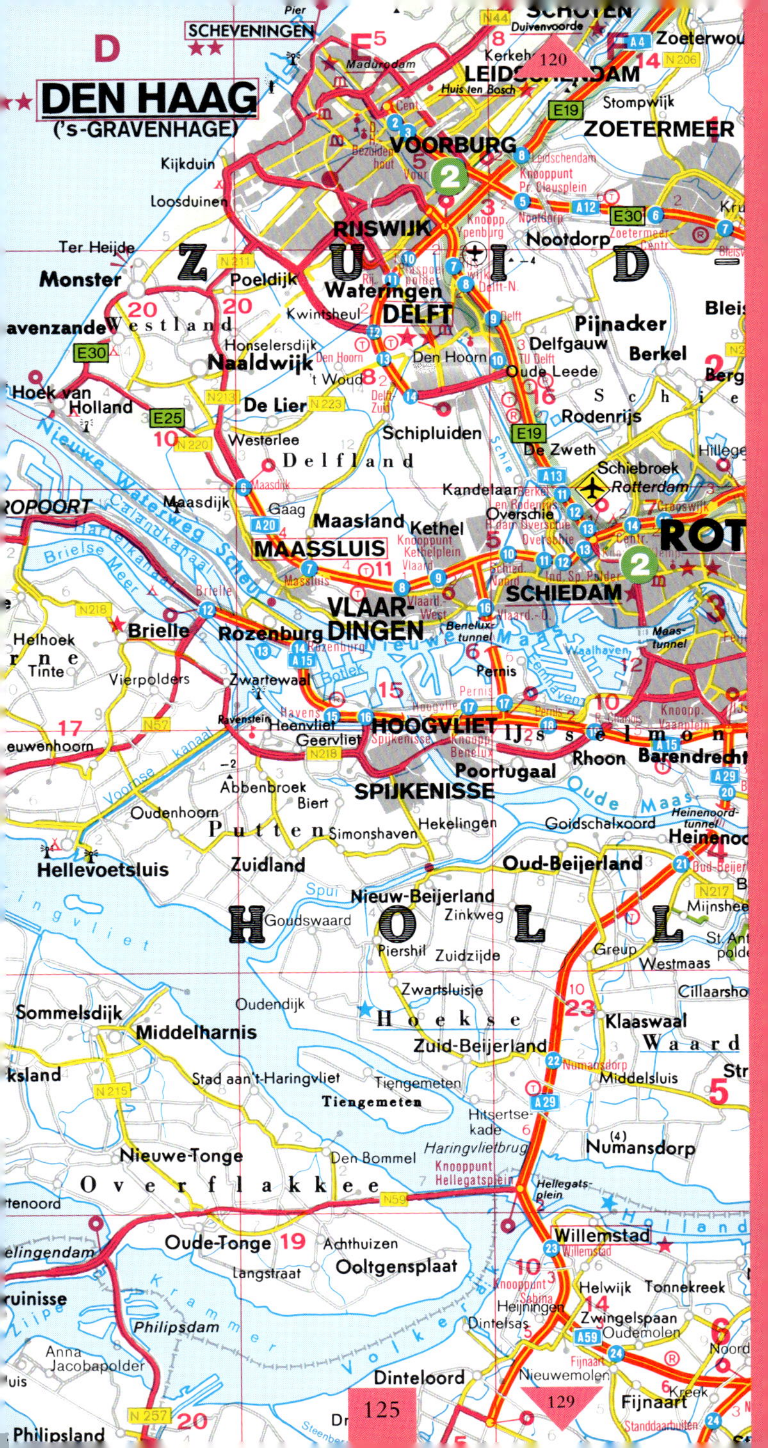

DEN HAAG
('s-GRAVENHAGE)
SCHEVENINGEN
Pier
Madurodam
LEIDSCHENDAM
Huis ten Bosch
Duivenvoorde
Kerkehout
SCHOTEN
Zoeterwoude
Stompwijk
ZOETERMEER
VOORBURG
Kijkduin
Loosduinen
Ter Heijde
Monster
RIJSWIJK
Poeldijk
Wateringen
DELFT
Nootdorp
Pijnacker
Delfgauw
Berkel
Bleiswijk
Bergschenhoek
's-Gravenzande
Westland
Honselersdijk
Naaldwijk
Kwintsheul
Den Hoorn
't Woud
Oude Leede
Hoek van Holland
De Lier
Schipluiden
Rodenrijs
Schie
Westerlee
Delfland
De Zweth
Schiebroek
Rotterdam
Hillegersberg
Kandelaar
Maasdijk
Gaag
Maasland
Kethel
Overschie
EUROPOORT
Nieuwe Waterweg
Calandkanaal
Hartelkanaal
Brielse Meer
MAASSLUIS
Scheur
VLAARDINGEN
SCHIEDAM
ROTTERDAM
Brielle
Rozenburg
Beneluxtunnel
Nieuwe Maas
Maastunnel
Waalhaven
Eemhaven
Helhoek
Tinte
Vierpolders
Zwartewaal
Botlek
Pernis
Heenvliet
Ravenstein
Geervliet
HOOGVLIET
IJsselmonde
Rhoon
Barendrecht
Oostvoorne
Nieuwenhoorn
Voornse kanaal
Abbenbroek
Biert
SPIJKENISSE
Poortugaal
Oude Maas
Oudenhoorn
Putten
Simonshaven
Hekelingen
Goidschalxoord
Heinenoordtunnel
Heinenoord
Hellevoetsluis
Zuidland
Oud-Beijerland
Spui
Nieuw-Beijerland
Zinkweg
Mijnsheerenland
Haringvliet
Goudswaard
HOLLAND
Piershil
Zuidzijde
Greup
Westmaas
St. Anthoniepolder
Zwartsluisje
Cillaarshoek
Sommelsdijk
Oudendijk
Hoekse Waard
Klaaswaal
Middelharnis
Zuid-Beijerland
Numansdorp
Middelsluis
Strijen
Stellendam
Goedereede
Dirksland
Stad aan 't Haringvliet
Tiengemeten
Hitsertse-kade
Haringvlietbrug
Numansdorp
Nieuwe-Tonge
Den Bommel
Knooppunt Hellegatsplein
Hellegatsplein
Overflakkee
Ouddorp
Herkingen
Oude-Tonge
Achthuizen
Willemstad
Ooltgensplaat
Hollandsch Diep
Langstraat
Helwijk
Tonnekreek
Bruinisse
Krammer
Zijpe
Volkerak
Heijningen
Zwingelspaan
Oudemolen
Philipsdam
Dintelsas
Anna Jacobapolder
Dinteloord
Nieuwemolen
Fijnaart
Sint Philipsland
Standdaarbuiten
Zierikzee
120
125
129

SCHOTEN
Duivenvoorde
Weipoort
Zoeterwoude
Rijnland
120
Kerkehout
LEIDSCHENDAM
Huis ten Bosch
Stompwijk
ZOETERMEER
Hazerswoude
Gelderswoude
Bodegraven
De Loete
Boskoop
Benthuizen
VOORBURG
Leidschendam
Knooppunt Pr. Clausplein
WADDINX-VEEN
Gouwe
Oud-Reeuwijk
Reeuwijk-Dorp
Kruisweg
Zoetermeer
Zoetermeer-Centr.
RIJSWIJK
Knoopp. Ypenburg
Nootdorp
Moerkapelle
Zevenhuizen
Zuidplas
Gouwe Aquaduct
Gouda
Bleiswijk
Delft-N.
Delft
DELFT
Pijnacker
Delfgauw
Berkel
Waddinxveen
Kn. Gouwe
Zevenhuizen
Rotte Meren
Moordrecht
Polder
Den Hoorn
Delft-Zuid
Oude Leede
Bergschenhoek
Moordrecht
Gouderak
Delft Zuid
Schieland
Rodenrijs
Nieuwerkerk a/d IJssel
Achterbroek
Schipluiden
De Zweth
Hollandse IJssel
Krimpenerwaard
Schiebroek
Hillegersberg
Terbregge
Kandelaar
Rotterdam
Crooswijk
Pr. Alexander
's-Gravenweg
Overschie
Kethel
Knooppunt Kethelplein
Vlaard.
ROTTERDAM
Ouderkerk a/d IJssel
Berkenwoude
Ind. Sp. Polder
Kralingen
CAPELLE A/D IJSSEL
SCHIEDAM
Centrum
Krimpen a/d IJssel
Vlaard.-West
Vlaard.-O.
IJsselmonde
Lekkerkerk
Benelux tunnel
Maastunnel
Waalhaven
Feijenoord
Krimpen a/d Lek
Opperduit
Nieuwe Maas
Pernis
Eemhaven
Bolnes
Slikkerveer
Nieuw-Lekkerland
Hoogvliet
RIDDERKERK
Kinderdijk
Alblas
HOOGVLIET
Spijkenisse
Knoopp. Benelux
IJsselmonde
Knoopp. Vaanplein
Alblasserdam
Rhoon
Barendrecht
H.-I.-Ambacht
Oud-Alblas
Knoopp. Ridderkerk
Rijsoord
Oostendam
Poortugaal
Barendrecht
SPIJKENISSE
Hendrik-Ido-Ambacht
Papendrecht
Oude Maas
Heinenoord-tunnel
Heerjansdam
Hekelingen
Goidschalxoord
Heinenoord
Kleine Lindt
ZWIJNDRECHT
PAPEN-DRECHT
Oud-Beijerland
Hr.Oudelds. Ambacht
Zwijndrecht
Oud-Beijerland
Blaaksedijk
DORDRECHT
Nieuw-Beijerland
Groote Lindt
Zinkweg
Mijnsheerenland
Puttershoek
HOLLAND
Dordrecht
Piershil
Zuidzijde
Greup
St. Antoniepolder
Westmaas
Wieldrecht
Dubbeldam
Maasdam
Zwartsluisje
Cillaarshoek
's-Gravendeel
Eiland van Dordrecht
's-Gravendeel
Tweede Tol
Hoeksche Waard
Klaaswaal
Mookhoek
Zuid-Beijerland
Numansdorp
Schenkeldijk
Dordtsche Kil
Tiengemeten
Middelsluis
Strijen
Hitsertse-kade
Willemsdorp
Strijensas
Haringvlietbrug
Numansdorp
Moerdijkbrug
Knooppunt Hellegatsplein
Lage-Zwaluwe
Hellegatsplein
Moerdijk
Knooppunt Klaverpolder
Hollands Diep
Moerdijk
Willemstad
Zevenbergschen Hoek
Knooppunt Sabina
Helwijk
Tonnekreek
Noordschans
Ind. Moerdijk
Heijningen
Dintelsas
Zwingelspaan
Oudemolen
Klundert
Zevenbergen
Kalishoek
Zevenbergschen Hoek
Wagenberg
Volkerak
Noordhoek
Langeweg
Dinteloord
Nieuwemolen
Fijnaart
Zevenbergen
Kn. Zonzeel
Mark
Dintel
Fijnaart
Kreek
126
Standdaarbuiten
128
A4
A12
A13
A15
A16
A17
A20
A29
A59
E19
E25
E30
N11
N44
N59
N206
N207
N209
N210
N217
N219
N285

121
127
UTRECHT
WOERDEN
Kamerik
Harmelen
De Meern
Vleuten
Barwoutswaarder
Nieuwerbrug
Linschoten
Waarder
Driebruggen
Papekop
Snelrewaard
Heeswijk
Montfoort
Nieuwegein (Jutphaas)
Houten
Oukoop
Oudewater
Hekendorp
Willeskop
IJsselstein
Rijnhuizen
Oude Gein
Nieuwegein (Vreeswijk)
Haastrecht
Hoenkoop
Lopikerwaard
Benschop
Lopikerkapel
Uitweg
Polsbroekerdam
Lopik
Vianen
Tull en 't Waal
Hagestein
Everdingen
Vlist
Stolwijk
Bonrepas
Polsbroek
Cabauw
Tienhoven
Jaarsveld
Lexmond
Sluis
Ameide
Schoonhoven
Bergambacht
Gelkenes
Langerak
Nieuwpoort
Groot-Ammers
Graafland
Hei-en Boeicop
Zijderveld
Schoonrewoerd
Meerkerk
Hoogeind
Leerbroek
Goudriaan
Noordeloos
Leerdam
Brandwijk
Ottoland
Nieuwland
Bazeldijk
Hoornaar
Asperen
Rhenoy
Beesd
Gijbeland
Oosterwijk
Alblasserwaard
Molenaarsgraaf
Hoog Blokland
Acquoy
Gellicum
Heukelum
Bleskensgraaf
Giessenburg
Neder Slingeland
Arkel
Kedichem
Schelluinen
Spijk
Giessen-Oudekerk
Hardinxveld-Giessendam
Boven-Hardinxveld
GORINCHEM
Vuren
Dalem
Hellouw
Herwijnen
Loevestein
Brakel
Sleeuwijk
Woudrichem
Werkendam
Oudendijk
Rijswijk
Zuilichem
Nieuwaal
Gameren
Bommelerwaard
Land van Altena
Kille
Giessen
Uitwijk
Poederoijen
Aalst
Andel
Almkerk
Waardhuizen
Veen
Nederhemert (Noord)
Nieuwendijk
Wijken
Aalburg
Biesbosch
Vierbannen
Babyloniënbroek
Genderen
Eethen
Heesbeen
Heusden
Hank
Dussen
Meeuwen
Herpt
Drongelen
Oud-Heusden
Doeveren
Elshout
Geertruidenberg
WAALWIJK
Waspik
Raamsdonksveer
Raamsdonk
Capelle
Drunen
Made
's-Gravenmoer
Kaatsheuvel
Sprang-Capelle
Den Hout
Oosteind
Vaart
De Efteling
Giersbergen
OOSTERHOUT
Loon op Zand
Biezenmortel
De Moer
Teteringen
Udenhout
5 km
Waal
Maas
Lek
Merwede
Bergse Maas
Afwateringskanaal
E25
E30
E311
E31
A27
A15
A2
A261
N198
N204
N210
N228
N207
N216
N214
N227
N322
N267

A
B
C
1
2
3
4
5
6
5 km
NOORD-
ZEE
Oosterscheldedam
Nieuw Haamstede
Burgh-Haamstede
Westenschouwen
Burghsluis
Roompot
N 57
Wissenk
Nd.-Bev
Vrouwenpolder
Duinbeek
Westhove
Domburg
Oostkapelle
N 287
Kamperland
Veere
Aagtekerke
Serooskerke
Gapinge
Walcheren
Westkapelle
Grijpskerke
Mariekerke
Sint Laurens
Zanddijk
Meliskerke
N 288
Buttinge
Kleverskerke
Arnemuiden
MIDDELBURG
E312
A58
Zoutelande
Biggekerke
Ter Hooge
Nieuwland
Koudekerke
Groot-Abeele
N 254
West Souburg
Oost Souburg
VLISSINGEN
Ritthem
Het Oostgat
Deurloo
Borssele
Wielingen
Breskens
Honte
Cadzand Bad
Boerenhol
Nieuwvliet
Groede
Kruisdijk
Nummer Een
Sasput
Hoofdplaat
Cadzand
N 58
Schoondijke
Tragel
Retranchement
Zuidzande
Driewegen
Oostburg
Terhofstede
Biervliet
Turkeye
St. Anna-ter Muiden
Sluis
IJzendijke
N 61
Waterlandkerkje
Hoek
Draaibrug
Waterland-Oudeman
Aardenburg
St. Kruis
St. Margriete
Maagd van Gent
Watervliet
Philippine
Heille
N 251
Hondseinde
St. Jan in Eremo
BELGIË
Boekhoute
Middelburg
Biezen
Eede
Doorntje
Kerselaar
Rijken
Strooibrug
Assenede

125
D
E
F
Loopers-kapelle
Brouwershaven
Elkerzee
Zonnemaire
Nieuwe-Tonge
Herkingen
Serooskerke
Battenoord
Noordgouwe
Kerkwerve
Dreischor
Oude-Tonge
Grevelingendam
Schuddebeurs
Sirjansland
Bruinisse
Philipsdam
Nieuwerkerk
Oosterland
Zierikzee
Zijpe
Anna Jacobapolder
Duiveland
Sluis
Zeelandbrug
Ouwerkerk
Vianen
St. Philipsland
Vuilbaard
Rijkebuurt
St. Annaland
Colijnsplaat
Stavenisse
Oosterschelde
Oud-Vossemeer
Kats
Tholen
Kortgene
St. Maartensdijk
Scherpenisse
Poortvliet
Katse Veer
Wilhelminadorp
Gorishoek
Strijenham
's-Heer-Hendrikskinderen
Kattendijke
Wemeldinge
Goes
Kloetinge
Kapelle
Yerseke
's-Heer-Arendskerke
Baarsdorp
Biezelinge
Vlake
Sinoutskerke
's-Heer-Abtskerke
Nisse
's-Gravenpolder
Schore
Kruiningen
Oostdijk
Krabbendijke
Middelgat
Hansweert
Kwadendamme
Langeweg
Rilland
Hoedekenskerke
Waarde
Baarland
Bath
Perkpolder
Westerschelde
Ellewoutsdijk
Ossenisse
Zeedorp
Walsoorden
Groenendijk
Kloosterzande
Paal
Terneuzen
Hengstdijk
Lamswaarde
Othene
Kuitaart
Graauw
Reuzenhoek
Boschkapelle
Stoppeldijk
Schelfhoutshoek
Driewegen
Ter Hole
Zandberg
Saftingen
Zaamslag
Zaamslag veer
Nieuw-Namen
Spui
Magrette
Schuddebeurs
Hulst
Kieldrecht
Schapenbout
Sluiskil
Axelse Sassing
Clinge
Meerdonk
Absdale
St. Jansteen
Axel
Drieschouwen
Heikant
De Klinge
Verrebroek
Zuiddorpe
Nieuwemolen
Het Kalf
Westdorpe
Oudemolen
129

LEGENDE REISEATLAS

Autobahn mit Anschlußstellen	3 Maarn	Motorway with junctions
Autobahn in Bau	Datum Date	Motorway under construction
Raststätte mit Übernachtungsmöglichkeit · Raststätte ohne Übernachtungsmöglichkeit · Tankstelle	R R T	Road-side restaurant and hotel · Road-side restaurant · Filling-station
Straße mit zwei getrennten Fahrbahnen		Dual carriage-way
Durchgangsstraße		Thoroughfare
Wichtige Hauptstraße		Important main road
Hauptstraße		Main road
Sonstige Straße		Other road
Fußweg		Footpath
Straßen in Bau		Roads under construction
Straßen in Planung		Roads projected
Straßennummern	A12 15 E40	Road numbers
Straßentunnel		Road tunnel
Autofähre		Car ferry
Schiffahrtslinie		Shipping route
Eisenbahn		Railway
Kanal		Canal
Fluß		River
Kultur		**Culture**
Malerisches Stadtbild	DELFT	Picturesque town
Eine Reise wert	★★ AMSTERDAM ★★ Rijksmuseum Kröller-Müller	Worth a journey
Lohnt einen Umweg	★ Kinderdijk ★ De Efteling	Worth a detour
Landschaft		**Landscape**
Eine Reise wert	★★ Texel ★★ Keukenhof	Worth a journey
Lohnt einen Umweg	★ Hoge Veluwe ★ Vaalser Berg	Worth a detour
Landschaftlich bes. schöne Strecke		Route with beautiful scenery
Kirche · Kloster		Church · Monastery
Schloß, Burg · Schloß-, Burgruine		Palace, castle · Palace ruin, castle ruin
Marktplatz, Areal · Grabhügel · Tulpenfeld		Market place, area · Cairn · Tulipfield
Besonders schöner Ausblick · Museum		Important panoramic view · Museum
Campingplatz · Golfplatz		Camp site · Golf-course
Leuchtturm · Feuerschiff		Lighthouse · Lightship
Funkturm, Fernsehturm · Höhle		Radio tower, TV-tower · Cave
Höhe in Metern über und unter dem Meeresspiegel	▲20 ▲-5	Height in metres above and below sea level

5 km